이제 6학년이 된 나에게

오늘 하루도 잘 살았다

송점순 에세이

오늘 하루도 잘 살았다

ⓒ2025 송점순

초판 발행 2025년 5월 10일

지 은 이	송점순
펴 낸 이	이서영
기획편집	김재석
디 자 인	솔아북스
인　　쇄	디에스프린텍

펴 낸 곳	솔아북스 출판사
등록일자	2015년 9월 4일
신고번호	477-2015-000002호
주　　소	순창군 복흥면 추령로 1746
연 락 처	010-5415-0736
이 메 일	ebluenote@daum.net

※이 책은 저작권자에게 권리가 있으며 무단복제를 금합니다.

한껏 접다 만 석양빛
미완의 연가가 서녘에 곱다

안으로 타다 파열해버린
내 빠알갛게 숨은 사랑

일곱 빛깔 꿈길을 걷다
문득 멈춰버린 저녁 불빛의 하늘

아직은 못다 탄 가슴 한 조각이
서산에 걸려있다

- 자작시 '노을' (여고 1년 교지 게재) -

contents

작가의 말 /   나의 버킷리스트 : 수필집 내기   10

01 오늘 하루도 잘 살았다 - 부모님 전상서

괜한 엄마 걱정   16

눈물 밥, 웃음 반찬   19

섣달그믐의 기억   22

장맛비 속에서   25

느이 엄마…, 보고 싶지   28

아버지, 아버지, 나의 아버지   32

아버지, 커피가 식어가고 있네요   37

02 오늘 하루도 잘 살았다 - 내리 사랑

아들과 밤늦은 데이트　　42

부부싸움의 기술　　46

아들들에게 보내는 편지　　50

사랑하는 예준 엄마에게　　53

사랑하는 며늘 아가 호라야　　57

10년 만에 다시 펼친 책　　60

손자 예준이와 함께한 청주 비엔날레　　63

예준이와 함께한 추령 북스테이　　66

우리가 기다리는 포포　　70

이재의 첫돌　　73

03   오늘 하루도 잘 살았다 - 벗은 아름다운 꽃

가을에 만난 친구   78

감사일기   81

강릉 가는 길   83

다정한 한 끼, 따뜻한 인연   86

가을 소풍   89

파파실의 아침   92

진정한 행복   96

04   오늘 하루도 잘 살았다 - 내 편

결국엔 부부   102

당신, 넘어져도 괜찮아   105

오늘 하루도 잘 살았다   108

아들이 준비해 준 영탁 콘서트   111

어쩌다 삼성화재   114

달랏의 나비　　　117
동유럽 기행　　　119

05　오늘 하루도 잘 살았다 - 책과 함께

오래된 미래, 라다크에서 배우다　　　124

내게 시가 온 날은　　　127

그러라 그래　　　130

이기철 시인의 시를 따라 걷다　　　132

향천사의 늦가을, 시와 함께　　　135

감동이 이어지는 만남은 참 행복하다　　　139

봄날을 지나, 다시 맘을 추스르다　　　143

키다리 아저씨를 다시 읽으며　　　145

네루다의 우편배달부와 함께한 밤　　　148

데미안과 함께하는 봄날의 깨달음　　　152

나가는 글 / 뼛속까지 내려가서 쓰는 것에 대하여　　　154

작가의 말

나의 버킷리스트 : 수필집 내기

　겨울빛이 따스한 날, 새해가 시작되고 한 주가 훌쩍 지나갔다. 한솔 엄마와 만나 고속도로가 지나가는 산골 마을에서 점심을 했다.

　일 년에 두어 번, 때로는 몇 년을 건너뛸 때도 있었지만, 이상하게도 아무 때나 만나도 엊그제 만난 듯 스스럼없이 이야기꽃이 피었다. 한솔네가 호주로 갈 때, 한솔 엄마는 우리 아이들도 함께 가면 좋겠다고 했었다. 며칠 고민했지만, 결국 용감한 한솔 엄마는 떠났고 나는 주저앉았다. 나는 늘 한 박자 늦는 사람이다. 그렇게 오랜 인연을 맞은 한솔엄마와 이런저런 이야기를 나눴다.

　헤어질 때쯤 그녀는 자신이 쓴 거라며 책 한 권을 주었다. 새해 들어 읽기 시작한 『부의 감각』과 『창문 너머 도망친 백세 노인』을 덮어두고, 집에 오자마자 한솔 엄마가 쓴 책을 펼쳤다.

그녀의 수필집엔 물 흐르듯이 평탄할 것 같은 그녀의 삶이 담겨 있었다. 디자인을 전공한 딸 예솔이가 그려 넣은 엄마 모습은 정겹고, 한솔 아빠의 조언도 곳곳에 스며 있었다.

국어 선생님으로, 한국어 교사로 살아온 그녀의 소소한 일상들이 수채화처럼 펼쳐졌다. 한솔 엄마의 수필을 읽으며 '젊은 날엔 왜 이런 것들이 보이지 않았을까' 하는 생각이 들었다. 호주에 못 간 마음도 거기 들어있었다. 가지 않은 게 후회되진 않지만 만약 갔다면 어땠을까 가끔 생각해 보곤 했었다.

모든 것에는 때가 있다는데 어쩌면 지금이 그때인지도 모르겠다. 한솔 엄마는 자신의 때가 왔음을 깨닫고 글을 엮었고, 나는 여전히 주저했다. 그런데 이제 나도 책을 쓸 때가 된 것 같다는 생각이 들었다. 너무 오래 준비만 하고 있지 않은가.

새벽 두 시. 그녀의 책을 따라가며 내 삶도 돌이켜 본다. 어릴 적 장독대 뒤편 앵두나무 옆에 있던 골담초 나무. 그 꽃을 따먹으면 달짝지근했다. 장독대로 쏟아지던 햇살도 내 어린 날의 눈부신 기억이다. 한솔 엄마의 책을 읽으며 그 기억이 왜 떠오르는지 모르겠다. 딸 가진 엄마의 애교 섞인 자랑이 부러웠다.

아들만 둘인 나는, 이제 내 아들 대신 며느리의 남편만 둘이 되었다. 그 아들들이 관리 대상에서 제외된 이후 평생 '남의 편'인 남편은 요즘 부쩍 손이 많이 간다. 몸이 안 좋아져서 관리 대상 1호가 되었다. 그래도 내가 아직도 원피스를 입을 수 있는 건 남편 덕이다. 뒷 지퍼를 못 올려서 항상 남편이 올려준다.

책 속의 '화장실에서 못 나온 이야기'에서는 빵 터졌다. 한솔 엄마의 당황스러운 모습이 눈앞에 그려지고, 절박했던 순간들이 왜 이리 우스운지. 이런 사람이 한솔 엄마다. 보이는 게 전부인 사람. 난 이런 사람이 좋다.

나는 그녀의 책을 덮으며 언젠가 내 책의 표지를 쓰다듬고 있는 모습을 상상했다. 그날을 준비하며 습작한 원고를 책상서랍에 차곡차곡 쌓아놓고 있다. 내 원고가 모여 한 권의 책이 된다면, 누군가에게 기억을 소환하는 글이 되면 좋겠다. 내 글이 오래전 추억들과 다정한 사람들을 떠올리게 하는 그런 따뜻함이면 좋겠다. 그것만으로도 책을 펴낸 가치는 충분하지 않을까. 그리고 내 버킷리스트 중 하나이기도 하다.

지금은 새벽 3시가 조금 넘은 시각, 서랍 속의 원고를 꺼내어 들춰본다. 미진함이 보이기도 하고, 속내를 들킨 아이처럼 부끄럽기도 하다. 그렇다고 서랍 속에서만 마냥 애지중지할 수도 없는 노릇이다. 이제 내 손에서 떠나보내야 할 시간이다. 이 순간이 오기까지 나를 키워준 부모님, 함께 동행한 남편, 사랑스러운 자녀들, 손주들, 친구들에게 늘 감사한 마음뿐이다. 그들에게도 이 글이 행복을 주기를….

2025년 5월 송점순

이제 6학년이 된 나에게

오 늘
하 루 도
잘 살 았 다

1장

오늘 하루도 잘 살았다
- 부모님 전상서 -

"아버지의 지갑 속에서
네 귀퉁이가 닳아 나른해진
내 명함 한 장이 나왔다.
입사하고 2년 후에 만들었던 명함.
나에게도 없는 그 명함을
아버지는 지갑 속에 간직하고 계셨던 거다.
스물 하고도 오 년은 넘게
소중하게 지니고 계셨을
명함을 보니 울컥해졌다."

- 아버지, 아버지, 나의 아버지 中 에서-

괜한 엄마 걱정

'엄마가 갑자기 돌아가시면 어떡하나.'

어릴 땐 그런 엉뚱한 걱정을 하곤 했다. 내 기억 속에 가장 선명히 남아있는 어느 날이 떠오른다.

학교 가려고 아침밥을 먹다 문득 엄마를 바라보았다. 몸살기가 있다는 엄마는 주름진 얼굴에 잔뜩 굽은 어깨를 하고 맥없이 밥숟갈을 뜨고 계셨다. 순간 가슴이 철렁 내려앉았다. 울 엄마가 죽으면 어떡하나 싶어 갑자기 목이 메이고, 밥이 넘어가지 않았다. 밥을 먹는 둥 마는 둥 하고 학교에 갔지만 온종일 엄마 생각뿐이었다. 수업 시간에도 쉬는 시간에도 머릿속을 떠나지 않았다.

늘 하던 자습도 하지 않고 배가 아프다는 핑계를 대고 학교를 일찍 마치고 부리나케 달려왔다. 시오리 길을 뛰어오는 내내 불안한 마음이 나를 사로잡았다. 숨이 차도록 집에 도착했지만 엄마는 보이지 않았다. 마당에도 오이밭에도 어디에도 계시지 않앉다. 뒤꼍에 계시려나 싶어 가보았지만 역시 보이지 않았다.

부지런한 엄마가 늘 닦고 매만지던 장독대 위 항아리들만 햇볕에 무심하게 반짝이고 있었고, 장독대 주변으로는 봉숭아꽃이 만발해 있었다. 우리에게 봉숭아 꽃물을 들여주시던 엄마는 어디로 숨어버리신 걸까.

'아, 정말 엄마가 돌아가셨나 보다….'

그 생각에 이르자 참았던 눈물이 터졌다. 엄마가 돌아가셨다고 생각하자 봇물 터지듯 눈물이 흘렀다. 장독대 옆에 쪼그려 앉아 하늘 올려다보며 울고, 둥둥 떠가는 흰 구름을 보며 또 울었다. 여름 햇볕이 따갑게 내리쬐고 있었지만 내 뜨거운 눈물을 막을 수는 없었다. 아무리 아무리 울어도 엄마는 오지 않으셨다.

그때 나는 초등학교 5학년, 열두 살이었다. 울다 지쳐 어느 순간 울음이 멈췄지만, 기억은 그 여름날 거기서 멈추어 있다. 그때 엄마는 마흔 즈음이셨을 것이다. 열두 살짜리 눈으로 본 엄마는 너무도 늙어 보였다. 그런데 이제 구순을 넘긴 엄마는 여전히 총기 있으시고, 내 어린 시절 이야기까지 생생하게 기억하고 계신다.

이제는 내가 그때 엄마 나이를
스무 해도 넘게 지나버렸다.
엄마 생각을 하면,
그 여름날 장독대 언저리에서

오늘 하루도 잘살았다

**봉숭아꽃과 함께 울던 열두 살짜리 내가 떠오른다.
아직도 내겐 엄마 없이는 못 살 것 같았던
그날 마음이 남아있다.
엄마가 어떻게 될까 봐 걱정하는
그 마음도 여전하다.**

    봉숭아꽃이 붉게 피고 지는 계절이 오면, 나는 다시 그 여름날로 돌아간다. 엄마가 잠깐 마실 다니러 간 사이 엄마가 어떻게 되었을까 봐 그 따가운 한여름 뙤약볕 아래서 기절할 듯이 울었던 열두 살의 내가 너무도 그리워진다.

눈물 밥, 웃음 반찬

　엄마가 내일 이사 가신다. 주간보호센터에서 요양원으로, 같은 건물 아래층에서 위층으로 옮기신다. 친정집을 보수하느라 한 달 동안 머물 곳이 필요해졌지만, 여섯이나 되는 자식들 중 어느 누구도 그 한 달을 온전히 모실 수 없는 형편이다. 우리 집에서 같이 지내시자 했지만, 엄마는 낯익은 곳이 편하다며 요양원을 선택하셨다.

　짧은 2월 한 달, 깊은 고민 끝에 엄마께 두 가지 선택지를 조심스레 내밀었더니 의외로 쉽게 답하셨다.

　"거기가 좋겠다."

　역시 상황 판단이 빠른 울 엄마다. 올케의 한마디가 엄마의 얼굴을 환히 밝힌다.

　"어머니, 집 깨끗이 단장해 놓고 모셔 올게요. 돌아가실 때까지 제가 모실 거니까 한 달만 가 계세요."

한 달 후, 엄마가 다시 집으로 오실지, 아니면 그곳에 계속 머무르기로 하실지는 아무도 모른다. 하지만 여전히 총기 좋은 아흔둘의 엄마가 선택한 길이라면, 우리는 따를 것이다.

이삿짐을 정리하며 엄마의 손때 묻은 낡은 옷가지와 물건들을 바라본다. 낡아도 버릴 수 없는 것들. 마치 엄마의 지난 세월처럼 닳고 해어졌지만, 끝까지 지켜야 할 소중한 것이다. 나는 저 작은 물건 하나에도 엄마의 삶이 깃들어 있다는 사실을 깨닫고, 눈물이 또 차오른다.

그렇게 엄마를 요양원에 모시기로 하고 아침상을 차려 남편이랑 식탁에 마주 앉았다. 생선 한 토막, 갓 지은 밥, 김치 한 조각, 생선 가시를 발라 남편 밥숟가락 위에 얹어 주다가 문득 가슴이 울컥한다.

'머지않아 우리도 엄마와 같은 모습이겠구나. 우리도 나이 들어 혼자 운신하기 힘들어지고 의지할 데 없으면 저런 선택을 해야 하겠지.'

엄마를 보며 나에게도 그 시간이 가까워짐을 느낀다.
엄마를 화제 삼아 이야기를 나누다 보니 둘 다 숙연해진다. 나는 더는 밥이 넘어가지 않아 숟가락을 내려놓으며, 남편에게 한마디 했다.

"내 건강이 허락하는 한, 당신 어디로 안 보낼 거야. 걱정 마."

말을 한 나도 울고 듣던 그이도 울었다. 부쩍 눈물이 많아진 우리는 아침 밥상을 놓고 눈물 콧물 다 흘리고 말았다.

"둘 다 주책이야."

내 말에 또 우린 발개진 눈을
마주 보며 껄껄 웃었다.
오늘 아침 밥상은
그렁그렁 눈물 밥, 헛헛한 웃음 반찬이다.

섣달 그믐의 기억

    사골 국물을 우려내느라 인덕션 레인지 타이머를 맞춰놓고 냉장고를 훑으며 시장 볼거리를 메모했다. 한숨 돌릴 겸 캔맥주 하나 따서 시원하게 들이키고 잠깐 눈을 붙였더니, 어느새 뽀얗고 구수한 국물이 요술처럼 완성되어 있었다. 한 번 더 우려내면 더욱 깊고 진한 맛이 나겠지. 예나 지금이나 떡국은 사골 국물로 끓여야 제맛이다.

    설 명절이 다가오면 고향 집에서 분주히 움직이던 어머니 모습이 눈앞에 선하다. 섣달이면 명절 준비가 시작되었고, 마당 한켠 가마솥에 장작불이 지펴지면, 사골국물이며 조청 같은 것들이 하나 둘 부뚜막에 올려졌다.

    눈이 소복이 쌓인 오솔길을 따라 읍내 장에 다녀오시던 어머니. 가래떡을 머리에 이고 오시며, 흰 수건을 동여맨 모습이 아직도 생생하다. 밤새 떡을 말리고, 새벽녘이면 떡 써는 소리에 졸린 눈을 비비며 일어나 끝이 마른 떡 조각을 주워 먹던 기억도 선명하다.

그때의 섣달 추위는 유난히도 매서웠다. 문풍지가 떨며 바람을 막아내려 애쓰고, 모과나무 빈 가지는 삐걱삐걱 흔들렸다. 마루 끝에 걸쳐 놓았던 걸레조차 꽁꽁 얼어붙고, 처마 밑에는 내 팔뚝만한 고드름이 주렁주렁 매달려 있었다. 시린 손을 호호 불며 아궁이 앞에 모이면, 아버지는 장작불에 가래떡을 구워 주셨다. 가래떡의 구수한 냄새와 따뜻함은, 겨울의 추위를 잊게 만들었던 작은 행복이었다.

아, 나의 아버지. 지금은 설이 오는지도 모른 채 요양원이라는 정류장에서 누군가 자신을 태우러 오기만을 하염없이 기다리고 계신다.

설 명절이 돌아와도 따끈한 떡국 한 숟가락 드시지 못한 지도 벌써 3년째. 시간은 속절없이 흘러만 간다.

그래도 나는 설 명절 음식을 준비한다. 큰집에도 가야 하고, 아이들도 오니까. 예전 어머니는 섣달 추위 속에서 몇 번이나 읍내를 오가며 설을 준비했지만 나는 손가락 몇 번 움직여 쿠팡으로 장을 본다.

그래도 할 일은 많다. 사야 할 것들은 하나로 마트에 가서 사 오고, 김장 김치를 새로 헐고, 전 몇 가지를 부치고, 사골국에 떡국을 끓인다. 차례를 지내고 저녁에는 시어머니 제사를 모신다.

오랜만에 만나는 사촌들과 조카들에게 음식을 나누어 주는 것은 나의 오래된 기쁨이다.

명절은 내게 노동절이나 다름없지만, 아직은 기운이 남았으니 할 수 있다. 어머니는 수도 없이 앉았다 일어나며 부엌 문턱을 넘나들었고, 무거운 짐을 머리에 이고 읍내를 오갔는데, 나는 허리 한 번 굽히지 않고 버튼 하나로 주문하는데, 이 정도도 못 하면 안 되지 않겠는가.

며느리들은 편히 쉬라 했지만, 큰아이가 오고 있다고 연락이 왔다. 영화표를 주고 영화나 보라고 내보낼 생각이다. 아직까지는 혼자 해야 마음이 편하다. 언젠가 내 기운이 다할 때면, 그들도 자연스레 명절을 준비하게 되겠지.

그래도 이렇게 들고 나는 가족들이 있으니 의미가 있다. 한 살 한 살 나이를 먹는다는 것이 버겁기도 하지만, 나이를 먹은 만큼 생각이 깊어지고, 삶의 지혜도 성숙된다면 그 또한 나쁘지 않다. 섣달 그믐날, 사골을 우려내며 나는 그런 삶을 기대해 본다.

장맛비 속에서

아버지가 돌아가셨다. 이럴 수 없다고 엉엉 울었다. 멀쩡히 살아계시던 분이 왜 돌아가시냐며 울고 또 울었다. 그렇게 울다 눈을 뜨니 새벽 두 시 반. 아차 싶었다. 거의 2년 동안 꿈에 나타나지 않던 아버지가 오늘 나를 찾아오셨다. 예전 꿈에 나오실 때는 양복을 말끔하게 차려입고, 단정한 모자를 쓰고, 성큼성큼 걸어가던 모습이었다. 언제나처럼 멋진 아버지 모습 그대로셨다.

그런데 오늘은 아니었다. 병상에 누워 계셨는데 숨소리가 가늘고 맥이 없었다. 다급히 아버지 머리를 들어 깨우려는데 그 순간 아버지는 떠나셨다. 꿈이었다. 하지만 너무 생생하고 선명해서, 꿈에서 깨고 나서도 한동안 멍하니 앉아 있었다.

아버지는 지금 요양병원에 계신다. 비가 오는 날이면 특히나 잠을 잘 이루지 못하신다. 지난해에도 장마가 길어지던 어느 밤, 아버지는 열이 나고 기침을 심하게 하셨다. 그때도 병원 침대 위에서 오랜 밤을 버티셨다. 지금은 어떤 밤을 보내고 계실까?

나는 지금 여름 감기와 싸우고 있다. 기침이 밤새 목구멍을 긁어대고, 열이 오르락내리락한다. 처음엔 별것 아닐 거라 생각했다. 대학병원 응급실에서 받아온 약을 먹으면 금방 나을 줄 알았다. 따스운 물을 보약 먹듯이 먹으며 기침 기운을 달래보지만 쉬 나아지지 않는다.

예전에는 약 먹고 하루 이틀이면 거뜬했다. 하지만 이번엔 다르다. 약을 꼬박꼬박 다 먹었는데도 좀처럼 나아질 기미가 보이지 않는다. 약 기운에 겨우 잠들면 기침 때문에 또 깬다. 배 속까지 쥐어짜야 하는 기침이 몰려올 때마다, 몸이 예전 같지 않음을 실감한다. 이제는 약도 잠도 회복도 쉬운 일이 아니다.

아버지도 그러셨을까. 병원 침대 위에서 밤을 지새우며, 내게 말하지 못한 고통을 혼자 삼키셨을까. 그저 살아 있다는 것만으로도 버거운 날들이 있었을까. 뜨거운 차를 한 잔 마시며 아픈 목을 달래본다. 목구멍을 타고 내려가는 온기가 몸을 감싼다. 이 따스함을 아버지께도 전해드릴 수 있다면….

장맛비가 내린다.
밤새 내린 비가 잠시 숨을 고르는지
빗소리가 잦아들었다.
이따금 자동차가 물웅덩이를 가르며
지나가는 소리가 들린다.
어쩌면 아버지도 지금 저 빗물처럼
잠시 고요한 순간을 맞이하고 계실지도 모른다.
창밖을 보며 생각한다.

아버지는 내게 무슨 말을 전하고 싶으셨을까.
내가 힘들어하는 걸 알고 위로하러 오신 걸까.

아니면, 아픈 내 몸을 통해 아버지의 고통을
조금이라도 **이해**하길 바라신 걸까.

짧은 여름밤이 길게만 느껴진다. 비는 흐르고, 시간도 흐르고, 우리의 삶도 그렇게 흘러간다. 다시 잠을 청한다. 아버지를 향한 그리움도 이 밤을 타고 흘러간다.

느이 엄마…, 보고 싶지

　93세 시아버님과 89세 친정아버지를 모시고 나들이를 다녀왔다. 네 살 아래인 친정아버지는 걸음걸이가 힘들어 자꾸만 앉고 싶어 하신다. 고급 참치회가 입맛에 맞았는지 두 분 다 기분 좋게 드셨다. 다행히 내장산 단풍은 남아있었고, 차 안에서 보는 것만으로도 좋다고 하셨다.

　가을꽃 같은 마음씨의 형님과 두 분 아버님과 함께한 이 시간이 그저 감사했다. 친정아버지께서 내 옆구리를 더듬어 무슨 일인가 했더니, 나 돈 많이 썼다고 호주머니에 사임당 언니 두 장을 찔러 넣어주셨다. 아, 아버지….

　삶과 죽음은 늘 같은 선상에서 존재하는 것일까. 그날, 그렇게 따뜻했던 가을날의 나들이가 끝난 뒤, 시아버님은 병원 응급실로 향하셨다. 폐렴 증세 때문이었다. 응급실에서 마주한 아버님의 모습은 가슴을 아리게 했다. 온몸에는 여러 개의 의료기구가 매달려 있고, 팔에는 주사가 꽂혀 있었다. 두 손은 주사를 뽑으려 몸부림치신 탓에 안전장치에 묶여 있었다.

"아버님, 저 왔어요."

"누구냐?"

"셋째예요. 성운이 댁이요. 재형 엄마요."

아버님은 잠시 나를 바라보시더니, 왜 여기서는 아침밥을 안 주냐고 물으신다. 뭐 드시고 싶은 거 있으시냐고 물었더니 토마토가 드시고 싶으시단다.

"이 주사 다 맞고 집에 가시면 토마토 드릴게요. 얼른 맞고 빨리 나으셔요."

물도 드리면 안 되는 상황이라, 바짝 마른 입술에 물 묻힌 거즈를 대어드렸다. 고개를 흔들며 일어나려 하셨다. 백지장처럼 하얀 발이 얼음장 같았다. 양말을 찾아 신겨드리며 생각했다. 이 발로 다시 걸어 나가실 수 있을까.

"아버님, 누구 보고 싶은 사람 있으세요? 누구 오라고 할까요?"

아버님은 두 눈을 감은 채 말이 없으셨다.

"아버님, 어머님 안 보고 싶으세요?"

잠시 침묵이 흐른 후, 낮은 목소리로 말씀하셨다.

"느이 엄마… 보고 싶지."

"아버님, 엄니가 오셔서 가자고 하시면
가만히 손잡고 같이 가세요.
너무 힘드시잖아요.
엄니가 데리러 오실 것 같아요."

아버님은 미동도 없으셨다. 어머님이 떠나신 지 올해로 꼭 10년이다. 가만히 양손을 번갈아 주물러드리고 토닥토닥 해드렸다. 아버님은 곧 잠드셨다. 평온함도 잠시, 간호사들이 우르르 몰려와 검사하러 침대를 이리저리 옮기며 아버님의 단잠을 깨웠다. 의사가 왔다.

"상황이 좋지 않습니다. 연명 치료를 하시겠습니까? 심폐소생술을 하시겠습니까?"

아들들은 아버님을 편히 보내드리는 것에 사인했다. 항생제 치료를 진행했지만, 오래 버티지 못하셨다. 그 밤, 아무도 모르게 어머님을 만나러 떠나셨다. 칠순 때 찍어놓은 멋진 할아버지 사진 속에서 아버님은 이제 국화꽃 사이에 계신다. 가슴에 카네이션꽃을 단 새신랑의 모습으로 영면에 드셨다. 아버님의 94년 삶 중에서 17년을 아버님과 함께 보냈다. 그 긴 시간, 이제는 사진 속의 미소로만 남아 계신다.

7월, 녹음이 짙어지고 풀 내음이 향기로 다가온다. 새소리, 매미 소리가 여름의 장막을 드리우듯, 슬픔도 그렇게 걷혀간다. 어디선가 나비 한 마리가 날아와 우리 곁을 빙빙 돌다, 푸른 하늘 속으로 사라진다.

아버지, 아버지, 나의 아버지

　아버지의 삶이 조용히 저물어 가고 있다. 90년 이승에서의 삶을 이제 접고 새로운 곳으로 이사할 준비를 하시는 듯하다. 아직 좋은 날을 찾지 못하셨는지 떠나실 시간을 조용히 기다리고 계신다. 그 모습이 애처롭고 가슴 저린다.

　주말이라 아버지 곁에서 하룻밤을 보내며, 지난 세월을 가만히 들여다본다. 불과 이주 전만 해도 엄마와 막내 여동생과 함께 녹두삼계탕을 맛있게 드시고 낮잠을 주무셨는데, 두 시간도 안 되는 사이에 뇌경색으로 병원에 실려 오셨다. 오른쪽 마비와 함께 말을 잃으셨다. 아버지는 그렇게 우리에게 한 가지 교훈을 남기셨다. 삶은 한 치 앞도 알 수 없는 것이라고….

　얼마나 하시고 싶은 말씀이 많으셨으면, 한순간에 말문을 닫아버리셨을까. 무언의 침묵 속에서 아버지와 보낸 시간들을 곰곰이 생각해 본다. 아버지가 남기신 말씀, 말하지 않아도 알 수 있었던 모든 것들이 이제는 추억으로만 남는다. 아버지께서는 침묵 속에서 여전히 말씀하신다.

"사람이 길을 두고 모로 가면 쓰나. 길이 아니면 가지 말아야지."

귀에 못이 박히도록 들어온 말씀이었다. 아버지는 누군가를 아프게 하면 결국 내게 곱절로 돌아온다며 남에게 조금이라도 피해를 주지 말라셨다. 그것을 모르면 사람이 아니라고 하셨다. 항상 베풀며 살고, 부지런히 살아야 한다고 가르침 주시곤 하셨다. 그 모든 것을 몸소 보여 준 분이셨다.

아버지는 아파 쓰러지시기 전까지 평생을 부지런히 살아오셨다. 시골집에 아버지를 뵈러 가면 언제나 새벽 일찍 일어나 집 안팎을 다니시며 일을 하곤 하셨다. 할 일이 없으면 마당 안의 잡초라도 뽑고 계셨다. 풀 한 포기 자랄 틈도 주지 않으시며 보도블록 사이사이 고개 내민 잡초들을 일일이 손으로 뽑아내셨다. 온갖 일로 다 닳아 반 토막이 된 손톱으로, 굳고 거친 손마디로 그렇게 일을 찾아다니셨다. 내가 잠에서 깨어나 마루에 서서 쪼그리고 앉아 풀을 뽑고 계신 아버지에게 제발 그만하시라고 말려도,

"이것도 못 하면 사는 게 아니지. 이거라도 해야지."

하시며 한시도 가만히 있지 않으셨다. 덕분에 그 넓은 마당에 단 한 포기의 잡초도 볼 수 없었다. 이젠 풀들이 보도블록 틈새마다 박차고 올라와 제 세상을 만난 듯 활개를 치고 있을 텐데, 그 생각을 해서라도 얼른 자리를 털고 일어나셔야 하지 않을까.

어릴 적 우리가 새벽 단잠에 빠져 있을 때, 아버지는 벌써 논과 들을 한 바퀴 돌고는 아침이슬 젖은 바짓가랑이를 툭툭 털어내며 집으로 들어오셨다. 부엌에서는 장작불이 환하게 타오르고, 솥 안에서는 밥이 뜸을 들이며 구수한 향이 퍼지고 있을 때쯤 땀에 젖은 몸을 씻고 들어와 우리를 깨우셨다.

"일어나거라, 벌써 해가 중천이다."

나직한 목소리로 우릴 깨우시던 그때, 어린 마음에 눈만 뜨면 지게를 지고 나가시던 아버지에게 물었었다.

"아버지, 왜 맨날 일만 해?"

"사람은 무덤에 갈 때까지 일을 해야 하는 겨. 일 안 하면 그건 사람이 아니지."

그렇게 아버지는 평생을 농사로 육 남매를 키우셨다.
밥 뜸 들이는 냄새,
청국장에 풋고추 매운 냄새가
코끝을 스칠 때마다
아버지를 기다리던 저녁 해거름이 떠오른다.
저녁노을을 지게에 가득 담고
논두렁 저 멀리서 점으로 걸어오던 그 모습.
그리고 이제, 다시 한 점 여윈 몸으로 누워 계신
아버지….

아버지의 지갑 속에서
네 귀퉁이가 닳아 나른해진
내 명함 한 장이 나왔다.
입사하고 2년 후에 만들었던 명함.
나에게도 없는 그 명함을
아버지는 지갑 속에 간직하고 계셨던 거다.
스물 하고도 오 년은 넘게 소중하게 지니고 계셨을
명함을 보니 **울컥**해졌다.

늘 딸이 제 일을 잘해나가기를, 누구에게 폐 끼치지 않고 어려운 사람에게 도움되는 일하라고 당부하셨던 아버지가 이 명함을 보실 때마다 이 모자란 딸을 위해 얼마나 마음 내셨을까. 나는 왜 이제야 아버지의 지갑을 열어 이 명함을 보고 이리 먹먹해하고 있을까….

아버지는 자신을 위해서는 한 푼도 아까워하셨지만, 돈을 써야 할 때는 멋지게 쓰는 분이셨다. 명절이나 식구들이 모임에서 항상 우리보다 먼저 지갑을 여시곤 했다. 외식 자리에서도 우리도 돈 있다고 말리면,

"내가 돈 쓸 일이 어디 있냐, 이럴 때라도 써야지."

하시며 기분 좋게 계산하셨다. 선하고 부지런한 성품에 돈도 쓸 데가 있어야 돈이지, 쓸 데가 없으면 그건 돈이 아니라던 철학까지 품고 계시던 아버지. 그렇게 평생을 살아오셨던 우리 아

버지.

 한동안 내내 주변에 자신만큼 잘 지내고 있는 노인네는 없다고, 그게 다 잘 커 준 자식들 덕분이라고 말씀하셨지만, 우리는 다 안다. 아버지 덕분에 우리들이 지금 이렇게 잘 지내고 있다는 것을, 아버지가 보여 준 모든 것이 우리에게 큰 가르침이 되었다는 것을 우리 모두 너무나 잘 알고 있다.

 아버지,
 이제 모든 걱정 내려놓으셔요. 엄마도, 오빠도, 나도, 아버지의 그늘에서 잘살고 있어요. 늘 배운 것 없다고 하셨지만, 아버지의 지혜로운 삶은 도서관 하나만큼이나 크고 깊어요. 평생 일구고 살아내신 삶, 그것은 어느 교과서에서도 배울 수 없는 삶의 진리였으니까요.

 언젠가 떠나가시게 될 때 가시는 그곳에서는 평생 지고 있었던 삶의 지게 내려놓으시고, 편히 쉬셔야 해요. 이곳에서의 모든 걱정을 내려놓고, 새집에서 행복한 일만 꿈꾸세요. 하늘 맑고 눈부신 날, 아버지가 당신 엄마 품으로 가시는 길을 조용히 지켜볼게요.

 아버지의 삶은 소멸되는 것이 아니라, 우리 가슴속에서 영원히 살아 있습니다. 아버지, 다정하고도 부지런한 울 아버지….

아버지, 커피가 식어가고 있네요

엊그제 새벽이슬을 밟으며 소풍 떠나신 울아버지.

어제까지 수많은 지인과 친지, 가족들과 마지막 인사를 나누시고, 오늘 이승에서의 마지막 아침을 맞이하십니다. 아침이슬을 밟으며 지게 한가득 논두렁에서 깎은 풀을 소 우리에 던져주시던 아버지의 모습이 떠오릅니다.

지친 상주들의 곤한 아침잠을 방해할까 봐 조용히 움직입니다. 아버지가 좋아하시던 봉지 커피 두 잔을 탑니다. 한 잔은 아버님의 영정 앞에 놓고, 한 잔은 제 앞에 두고 아버지와 마주 앉아 모닝커피를 나눕니다.

이 달달한 커피, 참 좋아하셨지요. 아버님을 보내드릴 시간이 점점 다가옵니다. 이승에서의 지구별 여행을 마치고, 천상의 나라로 이사하시는 날. 하늘은 맑고, 선선한 가을 산들바람이 불어옵니다. 고추잠자리 하나가 유유히 날아가며 아버지를 배웅하는 듯합니다.

아버지는 이미 떠날 준비를 마치셨던 걸까요. 4년여의 요양병원 생활이 더는 견디기 어려우셨나 봅니다. 아흔 하고도 사 년이란 세월을 한순간에 저버리고 서둘러 떠나시네요. 이제 저는 예순을 넘긴 나이에 아버지 없는 삶을 살아가게 되었습니다. 한 번도 상상해 본 적 없던 일이었지요. 이 나이 되도록 두 분 부모님이 늘 곁에 계실 거라 믿고 있던, 철부지 딸이었습니다.

커피를 다 비웠습니다. 아버지의 커피는 식어가고 있네요. 이제 밖이 환해지고, 이사 준비를 해야 합니다. 영정사진 속 아버지는 미소 짓고 계십니다.

"난 이 근방에서 제일 복 많은 사람이야. 육 남매 그럭저럭 잘 키워 다들 밥벌이하고, 남들 입에 크게 오르내리는 일 없이 살았으니, 그게 복이지 뭐냐. 느이들 덕분에 나 잘살고 간다. 걱정하지 마라."

향 하나를 피워 올리며 발인하기 전 마지막 인사를 올립니다.

아버지,
이제껏 우리 곁에 있어 주셔서 감사합니다. 이승에서의 모든 근심과 걱정, 다 놓고 가볍게 훨훨 떠나세요. 아버지의 자식으로 살 수 있어 자랑스러웠습니다. 평생 곧고 의연하게 사신 울 아버지, 그 길 따라 엄마 잘 챙기며 올바르게 살아가겠습니다. 아버지의 삶의 교훈과 지혜, 가슴 깊이 새깁니다.

아침이 밝았습니다.
새벽이슬을 밟으며 뒷짐 지고 휘이휘이 가실 아버지,
뒤돌아보지 마시고, 앞만 보고 가셔요.
아버지의 천상으로의 이사를 큰 박수로 축복합니다.
사랑하는 우리 아버지,

이젠 안녕히!

이제 6학년이 된 나에게

오늘
하루도
잘 살았다

2장

오늘 하루도 잘 살았다
- 내리 사랑 -

부부싸움은 누가 이기고 지는 전쟁이 아니란다.
비 온 뒤의 땅이 굳어지듯이 미처 생각지 못한 서로의 생각들이 그럴 때 튀어나오는 거야.
얼마나 슬기롭게 대처해 나가느냐가 인격이고 품격이야.
싸움도 멋지게 잘하자.

— 너를 사랑하는 엄마가

아들과 밤늦은 데이트

10월의 밤, 집을 나왔다.

"그래, 당신이 안 나가면 내가 나가지."

사과한답시고 사과 하나 깎아 와서 내미는 손길이 더는 위로가 되지 않았다. 결국, 사과 접시는 바닥에 내동댕이쳐지고 박살 났다. 마음도 같이 부서졌다.

내일은 결혼식이 두 군데나 있다. 결혼식에 갈 옷을 미리 챙겨 입고, 떨리는 손으로 화장품 파우치와 헤어드라이기를 챙겨 가방에 넣었다. 갈아입을 옷 한 벌까지 집어넣고, 뒤도 안 돌아보고 문을 나섰다.

밤공기가 선선하다. 마당에 서 있는 나의 애마, 나를 어디든 데려다줄 나의 애마는 나를 보며 고개를 갸우뚱하는 것 같다.

"미안해. 널 좀 쉬게 해줘야 하는데."

문득 아들이 떠오른다. 직원들과 오랜만에 소주 한잔한다던 아들. 대리기사라도 해볼까 싶어 전화를 걸었지만 받지 않는다. 이미 귀가한 걸까? 집 근처 비즈니스 호텔에서 자야겠다고 마음을 정하고 방향을 돌리려는 순간, 아들에게서 전화가 왔다.

"어디니?"

"전철역요."

"어디쯤인데?"

"구암역 근처예요, 왜요?"

"너 대리기사 해주려고."

"엄마, 좀 전에 집 아니었어요?"

"어. 유성에서 친구 만나고, 네가 근처에 있을 것 같아서 데려다주려고."

참, 자랑스러운 내 아들.
일찍 가장이 된 그의 어깨는 얼마나 무거울까.
반석역 다이소 앞에서 아들을 태웠다.
노타이에 구겨진 셔츠 깃, 헝클어진 머리칼 사이로
비치는 숱 없는 부분이 가로등 불빛 아래 선명하다.
잠시 마음이 **아릿**하다.
아들 얼굴 보고 싶어 왔다고 둘러대며 핸들을 돌린다.

과장님이랑 한 달 만에 한잔했다는 아들은 다이어트를 했다더니, 살이 많이 빠진 모습이다. 나이 서른 중반인 이제는 삶이 조금은 익어가는 나이의 내 아들, 여전히 내겐 물가에 내놓은 어린아이 같다. 운전하는 내내 룸미러로 아들 모습을 훔쳐본다. 비스듬히 기대어 눈을 감고 있는 모습이 몹시 피곤해 보인다. 차창 너머로 스치는 밤 풍경 속에서 보니 애처롭다.

"엄마, 직장 생활 힘들어요. 산속으로 들어가 자연인처럼 살고 싶어요…. 꼭 이렇게 치열하게 살아야 해요?"

"생각하기 나름이야. 힘들다 생각하면 힘든 거고, 견딜 만하다고 생각하면 견딜 만한 거야."

아무렇지 않게 말했지만 가을밤의 싸늘한 바람이 스미듯 가슴 한쪽이 싸아하게 젖어든다. 어느덧 아들은 며늘아가에게 전화를 걸어 곧 도착한다고 알리고 있다. 20여 분을 달려 도착한 아들 집. 현관 앞에서 내리며 그가 말한다.

"엄마, 조심히 가세요."

"그래, 내 걱정 말고 어서 들어가 쉬어."

비밀번호를 누르고 문 안으로 사라지는 아들의 뒷모습을 보며, 나는 또 한 번 가슴이 울컥한다.

아, 참. 나는 지금 집을 나온 것이었지? 아들 데려다주러 나온 게 아니었지? 그제야 현실이 떠오른다. 집으로 돌아가고 싶지 않다. 길을 되돌아 나오며 24시간 찜질방을 검색해 전화를 걸어보는데 연결되지 않는다. 비즈니스 호텔을 찾아 전화를 걸어 싱글룸이 있나 물어보니 하나 있단다. 20분 후에 도착한다고 하고 예약했다. 나 같은 사람이 많은지 참 친절하게 설명해 준다.

프런트에서 키를 받아 들고 올라오니, 어느새 하루가 지나 있었다. 아, 나는 어제 저녁 집에서 나왔던 거였다. 방에 들어가니 깨끗이 정돈된 침구와 새하얀 타월이 놓여 있다. 이렇게 한 달만 여기서 지내보는 것도 나쁘지 않겠다는 생각이 든다. 커튼을 젖히니 깊어진 밤, 창밖으로 수많은 아파트 불빛 사이로 내가 나온 집이 희끄무레하게 보인다.

세상에 태어난 지 육십 년, 한 남자를 만나 함께 산 지 다음 달이면 꼭 삼십 하고도 사 년. 그리고 어젯밤, 나는 용수철처럼 둥지를 튀어나왔다. 지금은 돌아가고 싶지 않다.

부부싸움의 기술

　명절 전날 밤 한 시가 넘어 둘째 아들이 왔다. 내일 산소에 갈 음식이며 아이들 오면 먹이려 장 봐다 던져 놓은 것들을 저녁 먹고 마저 정리하고 막 잠에 들려던 참이었다. 문이 덜컥 열리며 둘째 아들이 무거운 얼굴로 들어선 거다.

　"엄마, 안 쓰는 핸드폰 어디 있어요?"

　느닷없는 말에 잠시 멈칫했다. 가만히 살펴보니, 손에 쥔 핸드폰 액정이 깨져 있었다. 순간 뭔가 안 좋은 일이 있었구나 싶었다. 정확한 사연은 묻지 않아도 알 것 같았다. 둘째 며느리가 전화해도 받지 않는 걸 보니 더 말해 무엇하랴.

　아들은 말없이 집안을 뒤지기 시작했다. 서랍을 열고, 여기저기 살피며, 어딘가에 버려져 있을 예전 핸드폰을 찾아 헤맸다. 나는 그저 지켜볼 뿐이었다. 그렇게 오래 걸리지 않아 맞는 폰을 발견했는지 "엄마 갈게요." 하며 뒤도 안 돌아보고 나간다.
　그 사이 잠은 십 리 밖으로 도망가고, 내일 명절에 얘네들이 안 오면 어쩌나 쓸데없는 걱정이 올라왔다. 결혼 3년 차로 접어들면서 두어 번 싸운 눈치는 보였지만 싸우면서 정들겠다 싶어 모른 척했는데 이미 잠자기는 글렀고, 오늘은 몇 마디 해야겠다 싶어 하고 싶었던 말을 문자로 적어 보냈다.

아들,
부부싸움도 기술이 필요해. 사람이 안 싸우고 살 수는 없지.

싸움이란 생각이 다른 데서 시작되는 거 같아.
난 이렇게 생각하는데
넌 왜 나와 생각이 **다르냐**는 거지.
엄마도 30년 이상 살아보니 이제서야
'저 사람은 저렇게 생각할 수도 있겠구나' 싶더라.

그래서 싸움도 현명하게 해야 해.
싸우고 나서도 손해나지 않게,
일단 싸움은 목소리 큰 사람이 이미 진 거야.
이성적인 사람은 목소리가 크지 않아.
그리고 절대로 사람이 다치거나 물건이 손상되면 안 되는 거야.
상처가 남거나 싸운 흔적이 남게 되면 볼 때마다 부끄러워지거든.
정 던지고 싶으면 깨지거나 부서져도 흔적 안 남는 걸로 해.
베개나 인형, 그것도 아무것도 없는 벽에다가,
그리고 아무리 싸워도 극단적인 말은 안 해야 해.
말은 한 번 뱉으면 주워 담을 수가 없거든.

그 말이 또 다른 싸움의 원인이 되기도 하고.
마지막으로 집을 나오는 건 절대 안 돼.
이번엔 핸드폰 때문에 왔겠지만 싸우고 나서 그 자리를 떠나면 이미 내가 졌다는 것을 인정하는 거야. 다시 들어갈 때 또 어색하잖아.
알지? 현명한 너는 무슨 말인지 잘 알 거야.
서로 생각이 다를 수 있음을 이해하면 되는데 그게 쉽진 않지.
그렇게 되려면 숱하게 싸워가며 내공을 키워야 해.
그치만 싸움도 관심이야.
관심이 있어야 싸울 일도 생기지 관심이 없으면 싸울 일이 없어.
정말로 무서운 건 무관심이야.
엄마나 아빠처럼 한 삼십 년 넘게 살면 싸울 일도 없어지지,
눈빛만 봐도 저 사람이 뭘 생각하는지 저럴 땐 내가 어째야 하는지 알아지니까.
무관심과는 다른 또다른 싸움의 기술이랄까.
이렇게 되기까지 얼마나 많은 싸움의 역사가 있었겠니.
그리고 싸움은 항상 단기전으로 짧게 끝내야 해.
하하호호 웃으며 살아도 하루가 한 달이 후딱 가는데
불필요한 감정 소모로 아까운 시간을 보낼 수는 없잖니?

부부싸움은 누가 이기고 지는 전쟁이 아니란다.
비 온 뒤의 땅이 굳어지듯이
미처 생각지 못한 서로의 생각들이
그럴 때 튀어나오는 거야.
얼마나 슬기롭게 대처해 나가느냐가

인격이고 품격이야.
싸움도 **멋지게** 잘하자.

너를 사랑하는 엄마가.

아들들에게 보내는 편지

새해가 밝았구나.

작년 이맘때도 새해를 맞는 너희들에게 편지를 썼었지. 삼백예순다섯 날이 길고도 아득해 보였지만, 지나고 보니 그냥 한순간 같구나. 언제나 새해를 맞이하며 새로운 희망을 품곤 하지만, 해가 저물 때쯤이면 아쉬움이 밀려오곤 하지. 그래도 한 해 한 해, 우리 최선을 다하며 살았으니 그것으로 충분하지 않겠니.

돌아보면 다 감사한 일 뿐이더구나. 남들 눈에는 그저 당연한 과정일지도 모르지만, 엄마는 잘 알고 있단다. 때에 맞춰 학업을 마치고, 병역 의무를 성실히 다하고, 취업하고, 가정을 이루고, 집을 장만하고, 그리고 묵묵히 자신의 일을 해내는 것이 얼마나 대단한 일인지. 세상의 기준이 어찌 되었든, 너희는 한 계단씩 단단하게 올라가고 있으니 그 모습이 참 기특하고 고맙단다.

사회의 일원이 된다는 것은 단순히 직장을 다니는 것만을 의미하지 않지. 속한 곳에서 인정받으며 성장해 나가고, 또 맡은

일에 대한 책임이 무거울수록 감내해야 할 것들이 많고, 때로는 아무에게도 힘듦을 내색할 수 없는 순간도 있겠지. 엄마와 아빠는 묵묵히 해야 할 일 해 나가는 너희들을 그저 응원하며 바라볼 뿐이란다.

아들아, 성장하면서 꼭 기억해야 할 것이 있단다. 자리가 사람을 만들기도 하지만, 그것을 지켜내는 데는 더 많은 노력이 필요하다는 걸. 더 높이 올라갈수록 해야 할 일이 많아지고, 능력을 평가하는 기준도 더욱 엄격해질 거야. 그러니 언제나 배움을 잊지 말고 또 다른 기회를 준비해야 해. 업무 능력만이 아니라, 사람과의 관계, 인성과 품격 또한 함께 다듬어 가야 하는 거고. 가장 중요한 것은 인간관계란다. 배려와 예의를 잊지 말기를 바란다. 상대를 존중하는 사람이 결국 자신도 존중받게 되는 거니까.

올해 기분 좋은 변화가 우릴 찾아왔지. 둘째가 집 가까운 곳으로 발령받아 내려오고, 봄에 새로운 보금자리에 입주하게 된다니 정말 고마운 일이다. 한 가지씩 물 흐르듯이 순리대로 흘러가는구나. 그래, 이렇게 세상의 이치에 순응하며 어떤 어려움이 있어도 지금처럼 한 걸음 한 걸음 해결해 나가면 그 속에서 반드시 답을 찾을 수 있을 거야.

마지막으로 꼭 전하고픈 말이 있단다. 무엇보다 너희들 곁에서 든든히 내조 잘 하고 있는 예준 엄마와 호라에 대한 고마움을 잊지 말길 바란다. 너희가 이렇게 자리를 잘 잡고 살아갈 수 있는 건 모두 아내들의 내조 덕분이라는 걸. 엄마는 주위에서 많은 며느리를 보아왔지만, 우리 예준 엄마와 호라 같은 며느리는 흔치 않아. 얼마나 고맙고 기특한지. 서로를 믿고 의지하며 살아가는 것이 가정을 지키는 가장 큰 힘이 된다는 걸, 엄마와 아빠도 35년을 살아오면서 더욱 절실히 느끼고 있다.

사랑은 **표현**해야 하는 거란다.
마음속으로만 품고 있으면 전해지지 않는 법이니까.
서로 아끼고, 사랑하고,
배려하면서 살아간다면,
어떤 순간에도 웃으며 함께할 수 있을 것이다.

이렇게 또 장황하게 적고 말았구나. 하지만 결국 하고 싶은 말은, 고맙다. 정말 고맙다. 그리고 사랑한다.

하루하루 정성을 다해 겸손하게 살아가자. 엄마는 언제나 너희를 믿는다.

사랑하는 예준 엄마에게

아가야,

붙박이 냉장고에 김치찌개 거리, 카레용 고기, 삼겹살을 조금 사놓았단다. 김치는 김치냉장고 왼쪽 작은 통에 썰어 두었고, 들기름은 파파실에서 정성껏 짜주신 것이야. 예준네와 꼭 나누어 먹으라고 한 병 따로 주신 거야. 우유는 유효기간 넉넉한 것을 샀고, 예준이가 찾을까 봐 초코우유도 두 개 사두었다. 백초는 너희들 어릴 적 배 아플 때 먹이던 약인데, 예준이도 가끔 배 아프다고 하면 상비약으로 챙겨주렴.

올리브 오일과 식용유는 따로 둘 곳이 마땅치 않아 냉장고에 넣어두었고, 햇고추가루는 색도 곱길래 남겨 놓는다. 냉동실엔 고등어 한 팩 있고, 마른오징어는 아껴둔 것이니 필요할 때 꺼내 먹어라. 소고기 등심도 한쪽 넣어두었으니, 예준이에게 줄 반찬이 없을 때 구워주렴. 설에 들어온 곶감 중 좋은 걸로 골라 놓았고, 해물과 멸치 다시팩도 급할 때 요긴하길래 조금 남겼다.

김치냉장고에 굵은소금도 남겼다. 이곳에 올 때 사서 간수 뺀 것이라 포슬포슬하니 좋더라. 적당한 곳에 두고 조금씩 덜어 쓰고, 다 먹으면 또 보내주마. 창문틀을 깨끗이 닦아두긴 했지만, 손이 닿지 않는 부분은 어쩔 수가 없더구나.

욕실에 타올은 세탁해 놓은 새 것이고, 세숫비누와 샴푸도 새 것들로 조금씩 남겨두었다. 안방 화장대 안에는 내가 선물 받은 향수들이 있는데, 나는 쓸 일이 별로 없어 두고 간다. 그리고 책 몇 권도 놓고 간다. 시간 날 때 한 번씩 들춰보아라.

늘 같은 날인 것 같지만, 오늘은 우리 생애 단 하루란다. 하루하루 얼마나 성실하게 살았느냐가 오늘 우리 모습이 되는 것이겠지. 나는 그걸 이제야 깨닫는다. 공부가 부족했던 탓이리라.

아 참, 팥시루떡 방 가운데 놓아두었고, 생수도 같이 두었다. 그릇 담아놓은 곳에 일회용 접시 있으니, 아래층과 앞집, 윗집 정도는 나누어 먹으면 좋겠다. 특히 아래층 어르신들께는 예준이가 있음을 꼭 말씀드리렴.

나는 이곳에서의 삶이 참 호강스러웠다. 넓고 깨끗한 새집에서 사계절이 변하는 걸 늘 알 수 있었고, 예준이 말대로 달이 낙타 타고 가는 것도 보았고, 달과 별이 뜨고 지는 것을 보며 잠들기도 했다. 어느 날은 새소리에 잠이 깨기도 했지. 다 너희들 덕분이다. 참 고맙다. 잘 지내고 간다.

어릴 적 우리 어머니는 늘 그러셨다.

"설거지통이 깨끗해야 자식이 잘 되고, 부뚜막이 깨끗해야 돈이 붙는다."

결혼 후 살아보니 그 말씀이 이해되더구나. 설거지통이 깨끗하면 위생적이라 가족들이 건강하고, 가스레인지 주변이 깨끗하면 화재 위험이 줄어드니 재산이 줄지 않는다는 뜻이었겠지. 나는 그 말을 지키며 살았다. 싱크대는 늘 깨끗하게, 인덕션도 음식물 넘친 자국 하나 없이 정리하며 살았다. 자식이 잘되고 돈이 붙는다는 이유 하나로 말이다. 참, 나도 어지간하지, 그치?

28개월 동안 이곳에서 잘 지내고 간다. 사는 공간도 기운을 기억한다고 하기에 너희들이 들어올 집이라 큰 소리 한 번, 눈 흘김 한 번 없이 살아내려 애썼다.

앞산에 봄 여름 가을 겨울이 두어 번 왔다 가고
침대에 누워서도 별 뜨고 달 뜨는 게 보이던
이 집은 햇살도 따스하고 바람 참 정겹던 곳이었단다.
너희들 집이라 벽에 못 하나 박는 것도 조심스러웠고
발걸음도 살살 까치발이었는데,
이 정성스러운 나의 마음까지 여기 살며시 놓고간다.

그 간의 새집 증후군은 아빠랑 내가 다 먹어 치웠으니 편히 지내도 될 거다. 이 집에서의 너희 삶이 늘 사랑과 배려로 가득 차길 바란다. 넌 현명하니, 난 아무 걱정도 안 한다. 그저 건강하고 화목하며, 너희가 원하는 꿈을 이뤄가길 희망한다.

고맙고, 감사하다. 그리고 사랑한다. 네가 이 집에서 따뜻하고 행복한 삶을 꾸려가길 바란다. 이곳에서 네 가정의 웃음소리가 늘 가득하기를.

너를 사랑하는 시어머니가.

사랑하는 며늘 아가 호라야

계절의 여왕 5월 그 따스한 햇살에 피어난 장미보다 더 화사하고 매혹적인 모습 정말 곱고 예쁘구나. 보조개까지 있어서 활짝 웃을 때 너의 모습이 얼마나 예쁜지 너는 아니? 아마 우리 재원이가 그런 네 모습에 더 반 한 거 같더라.

나의 아들 재원이와 행복하게 사랑하며 재밌게 살겠노라고 이렇게 손잡고 함께 있는 모습. 세상에서 가장 아름답고 숭고하고 사랑스런 모습이야. 참 예쁘다.

호라야.

난 네가 여자라는 이유만으로도 나의 동지가 하나 더 생겨서 참 좋다. 그리고 넉넉지 않은 우리 집에 며느리로 와줘서 더욱 감사하고 고맙다. 너의 용기있는 선택이 후회되는 일이 없는 날들이길 바래 본다. 현명하고 슬기로운 너는 너의 삶을 멋지게 꾸며 나갈 거라고 믿는다.

날마다 맑은 날만 계속 된다면 대지는 사막이 되어 버린다고 한다. 가끔씩 비도 오고 바람도 불고 눈도 오고 그래야 사람이 건강하게 살 수 있다는 구나. 살면서 아픔이나 어려움이나 힘든 고비가 있을 때에야 우리는 비로소 건강이나 행복이나 감사함을 생각하게 되는 거지. 그래서 세상에는 버릴 게 하나도 없는 거야.

아가 며늘 아가 호라야…, 우리 친하게 지내며 살자. 난 100점 시엄마, 좋은 시엄마는 자신없다. 그저 네가 좋게 봐주면 좋은 시엄마일 테고, 눈 흘겨 보면 얄미운 시엄마일 거다. 남들은 하기 좋은 말로 딸 같은 며느리, 친정엄마 같은 시엄마 이런 말들 하지만 나두 시어른들 함께 지내봤지만 그거 참 어렵더라.

우리 서로의 좋은 점 칭찬하고 격려하며 잘 지내보자. 그저 서로가 서로의 자리에서 잘 사는 게, 그거 이상도 이하도 아님을 이제 이 나이가 되고 보니 알겠더라. 조금 서운해도 양보할 건 하고 잘한 건 잘했다고 하며 지내자. 그러다 보면 우리 서로에게 익숙해지겠지.

나이가 많다고 세상을 좀더 살았다고 다 아는 척은 안 하려고 한다. 나의 지식이 나날이 옅어져 가고 있음을 늘 깨닫고 있으니, 새롭고 참신한 지식은 네게서 배울까 한다. 모른다고 왜 모르냐고 나 구박 안 할거지?

너가 나의 동지가 된 것처럼 난 언제든 네 편에 설 거다. 내 아들 재원이를 평생 사랑하며 행복하게 살겠다는데 어찌 내가 네

편이 안되겠니?

모쪼록 새로운 삶의 시작이니
좋은 꿈도 많이 꾸고 좋은 생각도 많이 하고
그래서 너희 둘이 가꾸는 삶의 날들이
나날이 멋지게 **성장**해 가는
아름다운 날이었음 좋겠다.

  33년 전 내가 결혼할 때 너희 시아빠는 평생 꽃길만 걷게 해주마고 하시더라. 난 그 말을 철썩같이 믿었다. 이제껏 꽃길만 걸은 거 같지는 않다. 하지만 분리수거와 청소기 돌리는 것은 아직까지도 안 하고 산다. 그게 꽃길이었음을 이제야 조금 알았다.

  네 짝꿍 재원이에게 수없이 말은 했다만 혹시라도 재원이가 분리수거를 안 하거나, 청소기 돌리는 것을 도와주지 않으면 네 시아빠한테 꼭 일러라. 아마 혼내주실 거야. 알았지?

  호라야 다시 한 번 진심으로 축하한다. 그리고 사랑한다.

축복의 날 5월 25일에 시엄마가.

10년 만에 다시 펼친 책

　책장을 훑으며 이번 주 읽을 책을 찾던 아침, 한구석에 얌전히 포개져 있는 노트와 책이 눈에 들어왔다. 손길을 멈추고 조심스레 꺼내 보니, 유영만 교수의 책 『브리꼴레르』다. 필사한다고 반쯤 하다 말고 접혀 있던 채로, 나의 손길을 숨죽이며 기다리고 있던 책이었다.

　넘기다 보니 10년 전 기억이 떠오른다. 2014년 10월, 노트 겉표지에는 '나의 사랑, 재원이에게'라고 적혀 있다. 둘째 아들이 대학교를 졸업하고 사회로 첫발을 내딛기 위해 고군분투하던 시기다. 아이가 안정된 직장을 찾고, 자신의 삶을 멋지게 꾸려가길 바라는 마음으로, 나는 그때 눈앞에 있던 『브리꼴레르』를 필사했다. 그러다가 바쁘다는 핑계로 하루 이틀 미루다가 아예 잊어버리고 그렇게 책꽂이에 꽂힌 지 10년이 흐른 것이다.

　오늘 다시 그 책과 마주한다. 그 사이 작은 아들은 직장에서 성실하게 자리 잡았고, 사랑스러운 며늘아기를 만나 결혼해 올해, 아들까지 품에 안았다. 나에게는 두 번째 손주지만, 우리 집에 아기 울음소리가 들리는 것은 10여 년 만이다. 반짝이는 눈동자에 앙증맞은 두 손과 두 발, 이 작은 존재를 바라보며 다시금 10년 전 내 마음으로 돌아가게 되었다. 이제는 아들이 아닌 손주들을 위해 필사를 해봐야겠다는 생각이 들었다.

'브리꼴레르'라는 말은 '지식의 유연성과 창조적 사고'를 의미한다. 단순한 암기나 기계적인 지식이 아닌, 다양한 경험을 바탕으로 삶을 스스로 개척하는 존재. 나는 손주들이 그런 삶을 살아가길 바란다.

이론적 지식만이 아니라, 깊은 사유와 이타성을 지닌 진정한 '브리꼴레르'로 성장하기를. 그래서 나는 쓰다가 멈춘 곳에서 다시 필사를 시작한다. 이번에는 손주 '예준이'와 '이재'를 생각하며 한 글자, 한 글자 정성스레 옮긴다. 아이들이 살아갈 날들이 평화롭고 행복하기를, 그리고 그들이 세상 속에서 스스로 길을 찾으며 의미 있는 삶을 살아가기를 염원하며 이 책을 다 필사하리라 마음 먹는다.

아들의 미래를 위해 기도하며
필사를 시작했던 10년 전 내 모습이 떠오른다.
그때처럼 나는 여전히 내 가족을 위해
무언가를 할 수 있다는 사실에 기쁘다.
무엇인가를 조금씩 **꾸준히** 해나가는 것.
그 끝없는 시도와 노력이 나의 삶이 되고,
손주에게 전해질 나의 작은 가르침이 되기를 바란다.

이 책을 필사하는 시간이, 나에게는 두 손주의 바람직한 성장을 바라는 가장 간절한 기도가 될 것을 믿는다.

손자 예준이와 함께한 청주 비엔날레

손자 예준이에게 지 아빠가 유치원 다닐 때 입었던 혜성 유치원 옷을 입혀보았다. 아빠와 삼촌이 졸업한 지 벌써 30년이 되어 가는데, 그 사이 열 번도 넘게 이사를 다니면서도 그 옷은 버리지 못했다. 언젠가 정리해야지 하면서도 짐 속에 따라와 한구석을 차지하고 있다가, 또다시 눈에 뜨였다. 엊그제 다시 빨아서 다림질해 주말에 온 예준이에게 입혀보니, 예준이는 어색한지 자꾸 벗으려 했다.

그 옷을 보며 세월을 잠시 더듬어 보았다.
아이들 둘을 저 유치원에 보내느라
마당에서 24시간 줄을 섰고,
두 아이의 유치원비는 국립대학 등록금보다 비쌌다.
하지만 돌이켜보면, 지금이라도 그때처럼 했을 것 같다.
아이들의 교육이 중요하다는 마음은
여전히 **변함**이 없으니까.

그리고 그 마음은 지금도 여전한 거 같다. 다섯 살 예준이가 뭘 알까 싶지만 그래도 세상을 하나라도 더 보여주고 싶어서 예준이를 데리고 늘 이곳저곳으로 나들이를 한다.

안개 낀 일요일 아침, 청주 비엔날레로 향했다. 자전거를 차에 싣고, 잭과 콩나무 책 한 권을 챙기고, 신나는 동요를 부르며 길을 나섰다. 어린이집에서 배운 노래들이 총동원되었고, 예준이는 '아기다람쥐 토미' 노래를 나에게 알려주려 애썼다. 아이의 목소리가 퍼지는 차 안은 그 자체로 행복이었다. 비엔날레 행사장에 도착해 자전거를 꺼내 행사장 주변을 돌았다. 잔디 광장에 놓인 조형물을 보며 무엇으로 만들어졌을까 궁금해하던 예준이가 갑자기 소리쳤다.

"할머니, 후라이팬이 있어요!"

자세히 보니, 조형물들은 모두 그릇으로 만들어져 있었다. 예준이의 작은 눈이 세상을 새롭게 바라보는 순간을 함께하며 나 역시 설렜다. 미술 작품을 감상하는 동안 해설사를 따라다니며 진지한 표정으로 설명을 듣는 예준이. 다섯 살 아이가 모든 걸 이해할 수는 없겠지만, 나는 이 아이의 기억 속에 이런 순간들을 남겨주고 싶었다. 어린 시절, 할머니와 할아버지와 함께한 소중한 추억으로.

마무리는 키즈카페였다. 역시 아이는 뛰어놀아야 아이답다. 땀을 송글송글 흘리며 또래 친구들 틈에서 신나게 뛰어노는 예준이를 보며 문득 세상을 보고, 느끼고, 경험하는 것이 가장 큰 배움이라는 생각이 들었다.

  11월, 계절이 바뀌는 길목에서 예준이와 함께한 하루.
  예준이보다도 어쩌면 내가 더 많이 배우고 더 많이 행복했던 날이었다.

예준이와 함께한 추령 북스테이

올해 10월, 추령 북스테이. 가장 큰 수혜자는 단연 예준이다. 불과 몇 달 전만 해도 손안에 쏙 들어올 만큼 작았던 손이 어느새 한 뼘도 더 자란 듯하다. 6살이 된 예준이는 이제 글자를 알고, 책을 이리저리 넘겨볼 줄도 안다. 만다라 색칠을 하다가도 한숨을 돌리며 책을 펼쳐보던 예준이는 어느 순간 책의 맨 뒷장을 보고 깔깔 웃음을 터뜨렸다.

"마음밥 이서영, 몸밥 이서영, 똥밥? 헤헤, 똥밥이 뭐야?"

한바탕 웃고 나서 책을 한참 들여다보더니 묻는다.

"할머니, 근데 이서영이 누구야?"

"이 책을 다 쓰신 분이야."

"이걸 다?"

눈이 동그래지더니 뒷장에 나열된 책 목록을 가리키며 다시 묻는다.

"그럼 여기 나온 책 다 이서영 선생님이 만든 책이야?"

"그렇지."

"이렇게나 많이?"

잠시 침묵하던 예준이가 나지막이 말한다.

"할머니, 나 이서영 선생님 보고 싶어."

그렇게 해서 10월의 어느 멋진 날, 예준이를 데리고 가을 여행을 떠나게 되었다. 아이를 혼자 데리고 장거리 운전을 하는 것이 쉽지 않은 일이었고, 아들 내외의 눈치도 조금은 보였지만, 이서영 선생님을 만나러 가자는 예준이의 강한 의지를 존중하기로 했다. 창밖으로 비치는 가을 햇살이 너무 고와서일까. 예준이는 차 안에서 흥얼거리며 노래를 부른다.

"할머니, 그런데 추령 참 멀다."

예준이 말을 듣고 보니 그렇다. 혼자라면 한 시간 남짓 걸릴 거리였지만, 휴게소마다 들러 아이의 상태를 점검하느라 두 시간이 훌쩍 넘어서야 도착했다. 추령엔 이미 가을이 깊숙이 내려앉아 있었다. 코스모스 꽃밭 사이로 고추잠자리 떼가 날아다니

오늘 하루도 잘살았다 67

고, 뒤뜰에는 알밤이 떨어져 있었다. 잠자리채가 없는 것을 아쉬워하던 예준이는 이내 알밤을 줍는 재미에 푹 빠졌다.

　점심을 먹고 긴장이 풀렸는지 나는 잠시 눈을 붙였다. 그런데 잠깐 사이 예준이는 어느새 이서영 선생님과 친구가 되어 있었다. 북 카페에 울려 퍼지는 예준이의 웃음소리를 들으며, 나이를 떠나서 얼마든지 친구가 될 수 있음을 새삼 깨닫는다. 출발할 때는 집에 언제 가느냐고 연신 묻던 아이가 이제는 집에 가자는 말을 하지 않는다. 밤이 깊어 자정이 되자, 침대에 눕자마자 곯아떨어졌다.

　돌아오는 길, 예준이의 얼굴에는 여전히 행복한 빛이 감돈다.

　"예준아, 집에 가면 엄마한테 무슨 이야기 할 거야?"

　"이서영 선생님 만난 이야기 할 거야. 책에 나온 선생님 모습이랑 조금 다르더라. 근데 선생님이 참 좋아."

　"뭐가 좋았는데?"

　"선생님이 참 친절했어."

　"그래? 친절한 게 뭘까?"

　"할머니, 그것도 몰라? 선생님이 참 착하신 거 같아."

그렇게 말하는 예준이의 목소리는 어느 때보다도 확신에 차 있다. 나는 흐뭇하게 웃으며 대답했다.

"우리 예준이는 참 착해. 다음 번에도 또 갈 거야?"

"그럼! 근데 할머니, 다음에는 엄마랑 아빠랑도 같이 갔으면 좋겠어."

예준이와 단둘이 떠난 가을 여행. 훗날 예준이가 어른이 되어 이 멋진 10월의 하루를 기억할까?

집에 돌아오자마자
예준이는 어제 그리다 만 만다라를 다시 꺼내 들었다.
콧노래를 흥얼거리며 색을 칠하는 아이의 손길에서
더 짙어진 색감과 자신감이 느껴진다.
여행은 아이를 조금 더 자라게 했다.
눈에 넣어도 아프지 않을 이 사랑스러운 손주를
보면서 마음으로 기원했다.
우리 예준이가 **배려**할 줄 아는
따뜻한 성품으로 자라기를,
사회의 한 곳을 밝히는 사람이 되기를
간절히 바라고 또 바랐다.

우리가 기다리는 포포

 포포와 만날 날이 가까워 온다. 둘째 아들이 내포로 발령 나서 생긴 아기라 태명을 포포라 지었다. 엄마 뱃속에서 '포근히 있으라'는 염원도 담았기에 그 이름만으로도 아가에 대한 사랑이 피어났다.

 나도 무언가 준비할 게 많은 것 같아 괜히 조바심 내다가 먼저 작은 애가 입던 배냇저고리부터 찾아야겠다 싶어 옷장을 뒤졌다. 이사할 때마다 신경 써가며 고이 잘 두었건만 어디 잘 놔둔다고 넣어 뒀는데도 막상 찾으려니 보이질 않았다. 며칠 수선을 떨며 장롱을 수도 없이 뒤적이며 찾아 헤맸건만, 결국은 못 찾고 그만두고 말았다.

 그렇게 며칠을 보내다가 새해가 밝고, 며느리의 해산이 한 달 앞으로 다가왔다. 새해 첫날, 깨끗이 정리된 마음으로 새로운 해를 맞아야겠다 싶어 차분히 장롱을 정리하는데, 갑자기 눈앞에서 '뽕'하고 배냇저고리가 나타났다. 당연히 아닐 거라 생각해 열어보지도 않았던 상자에 들어있었던 거다. 매번 눈앞에 두고

서도 그냥 넘겨버렸으니 업은 아이 삼 년 찾는다는 꼴이었다.

　서른다섯 해 전, 둘째 아이가 세상에 처음 나올 때 입혔던 작은 배냇저고리가 누렇게 세월을 머금고 있었다. 그 작은 옷을 손에 들자, 여러 감정이 밀려왔다. 한때 이 옷을 입고 작은 손을 허우적거리던 둘째가 이제는 아이 아빠가 된다니. 세월이 흘러 어느새 내 아들이 아버지가 될 시간이 온 것이다. 오랜 기다림 끝에 만나게 될 포포이기에 설레는 마음이 더욱 더하다.

　포포가 태어나면 아빠가 입던 배냇저고리를 입히면 좋겠다 싶어 베이킹소다를 넣고 삶았다. 맑은 물에 한 번 더 삶으니 누렇게 변한 세월이 씻기고, 다시 한번 맑은 물에 헹구니 새로 입혀도 되겠다 싶을 만큼 뽀얗게 되살아난다. 포포가 입을 수 있을지 어떨지는 모르지만, 새해 첫새벽 정성껏 삶아 탁탁 털어 널어놓으니 마음이 한결 편해진다. 잘 마르면 곱게 접어 포장해서 며늘아기에게 주려고 한다.

포포는 어떤 얼굴을 하고 세상에 올까.
엄마를 닮아 환하고 사랑스러운 얼굴일까,
아빠를 닮아 둥글둥글 부드러운 모습일까.
자그마한 손으로 내 손가락을 꼭 쥐면,
그 따스한 온기가 가슴속 깊이 스며들 것만 같다.
곧 이 작은 옷을 입고 **방긋방긋** 웃을 날도 오겠지.

　나는 포포가 건강하고 씩씩한 아이로 자라길 바란다. 인생의 바람에도 흔들리지 않고, 주위 사람들과 사랑을 주고받으며 따뜻한 사람으로 살아가기를 바란다. 또, 아빠가 아기 때 입었고, 할머니가 정성으로 손질한 이 옷을 입으며 포포의 삶이 따스한 사랑이 가득하기를 바란다. 세상을 살아가며 큰 기둥이 되어주길. 할머니의 작은 정성이 포포의 길을 밝히는 빛이 되기를 소망한다.

이재의 첫돌

　이재의 첫 생일, 한겨울에 태어난 우리 이재는 웃을 때면 두 눈이 사라진다. 작은 얼굴 위로 번지는 웃음이 어찌나 해맑은지, 보는 사람까지 덩달아 웃음 짓게 만든다. 처음 그 웃음을 보았을 때, 우리는 모두 탄성을 질렀다. 어쩜 이렇게 귀여울 수가 있을까. 세상에서 가장 사랑스러운 미소였다.

　그렇게 우리들의 기쁨이 되어주던 이재가 첫 번째 생일을 맞았다. 얼마나 기다려온 날인지 아이들은 아마 모를 거다. 둘째 아들 결혼 후 몇 해가 지나는 동안 소식이 없어 조바심이 났었다. 이왕이면 한 살이라도 젊을 때 낳아서 키우는 게 좋을 텐데 싶으면서도 섣불리 말은 못 하고 이제나저제나 기다리며 눈치만 보고 있었다. 그러던 어느 날, 두 사람은 기쁜 소식을 전해왔다.

　태명은 '포포'라고 했다. 아들이 내포로 발령을 받은 뒤 생긴 아이여서, 내포의 '포'에 포자를 하나 더 붙였단다. 엄마 뱃속에서 무럭무럭 자라는 포포를 보는 것이 우리의 낙이 되었다. 포포를 이야기하며 매일 설레는 마음으로 보냈다. 포포 엄마, 포포

아빠는 배 안에 있는 포포의 얼굴을 수시로 보여주었다. 참 좋은 세상이다. 뱃속 아기 얼굴까지 선명하게 보여준다. 심장 소리만 듣고도 우리는 신기했었는데. 하루하루 며늘아기의 배가 불러왔고, 우리들의 설렘도 부풀어갔다. 포포를 만날 날이 가까워지면서 우리 모두 매사 조심하며 새 생명을 맞을 준비를 했다.

한겨울 세상에 나온 이재는 건강하고 활기찼다. 예준이 이후 10년 만에 들려온 아기 울음소리는 우리에게 기쁨과 활력을 더해주었다. 그날이 그날인 우리에게 하루하루 달라지는 이재의 모습을 보는 건 얼마나 큰 기쁨이었는지 모른다. 남편은 저녁 밥상에 앉기만 하면 가족 톡에 올라온 이재 사진을 들여다보며 하루의 고단함을 잊었고, 어쩌다 사진이 안 올라오는 날은 서운해하기까지 했다. 이재의 작은 손짓, 표정 하나에 감격하고, 방긋하는 웃음에 하루가 밝아지면서 그렇게 우리의 평범한 일상은 특별하게 채워졌다.

돌잔치는 단출했지만 정겨웠다. 예전처럼 북적이는 잔치가 아니라 가족끼리 모여 축하하는 게 트렌드라고 해서 강 건너 호텔 뷔페에서 이재 외가 식구들과 우리 식구들이 단출하게 자리를 마련했다. 소박하지만 품격 있게 차려진 돌상을 마주하며 따뜻하고 흐뭇한 마음으로 이재의 첫 생일을 축하했다.

모두가 기대하는 하이라이트는 뭐니 뭐니해도 돌잡이 시간. 이재가 어떤 것을 집을까 관심이 집중되었다. 엄마는 돈을 집었으면 하고, 아빠는 의미 있는 걸 잡기를 바라는 가운데 모두의 기대 속에 작은 손이 움직였다. 쟁반 위에 놓인 물건들을 한참이나 신중하게 바라보던 이재는 마침내 판사봉을 집었다.

순간 "와~" 하는 환호성이 터졌다. 한 번 더 잡아보라 하니, 요리조리 살펴보더니 이번에는 돈을 집는다. 엄마 아빠의 마음을 어찌 그리도 잘 알아주는지, 그것도 덥석 덥석이 아니라 한참 요리조리 보다가 집은 것이기에 더욱 신기하고 기특했다.

그래, 이재야! 세상의 정의를 바로 세우든,
넉넉한 삶을 이루어 이웃과 함께 나누며 살든,
무엇이 되었든 건강하고 행복하게만 자라다오.
보는 사람의 마음까지 환하게 하는 그 따스한 웃음,
언제까지나 간직하렴. 네가 어떤 길을 걷든,
우리는 늘 너를 **응원**한다.

3장

오늘 하루도 잘 살았다
- 벗은 아름다운 꽃-

　밤 깊을 때까지 우리는 바다를 마주하고 앉아 소소한 대화를 나누었다. 오랜 친구들과 함께하는 시간은 참 행복하다.
　삶이 때때로 버거울 때도 있지만, 이렇게 좋은 친구들과 아름다운 곳에서 한 번씩 쉬어갈 수 있다면, 그것으로도 충분히 견딜 만하다는 생각이 들었다. 여행은 혼자 떠나도 좋지만, 그 끝에 반가운 이들이 기다려주는 것도 참 **따뜻한** 일이다

- 강릉 가는 길 中에서

가을에 만난 친구

10월 끝자락, 바쁜 나날들이 이어지고 있다. 해야 할 일들은 산더미처럼 쌓여만 가고, 하루를 어떻게 써야 할지 머릿속으로 수없이 계획을 세워보지만, 늘 시간은 내 뜻대로 흘러가지 않는다. 바쁘기만 한 하루하루, 그런데도 정작 손에 남은 것은 없다.

그렇게 정신없이 달리던 어느 날, 잠시 일상을 멈추고 안양으로 향한다. 여고 친구들을 만나기 위해서. 차에 오르자마자 창문 너머로 눈부신 가을 햇살이 쏟아져 들어온다. 하늘은 유난히 높고 푸르고, 바람은 부드럽고 선선하다. 길가에 늘어선 은행나무들은 온통 황금빛으로 물들고, 붉게 타오르는 단풍은 깊어지는 가을을 온몸으로 노래하는 듯하다. 도로를 따라 끝없이 이어지는 가을빛 풍경 속에서 나는 이 계절이 주는 평온함을 온전히 느낄 수 있다.

친구들이 기다리는 장소에 도착하자, 익숙한 얼굴들이 하나둘씩 다가온다. 오랜만에 만난 반가운 친구들을 가만히 들여다본다. 이마에는 삶의 시간이 새겨졌고, 눈가에는 세월이 남긴 주름들이 가늘게 자리 잡고 있다. 그러나 그 눈빛 속에는 여전히 젊은 날의 온기가 서려 있다.

조곤조곤 이야기를 풀어내는 기숙이는 여전하다. 그의 말투처럼, 그의 삶도 조용히, 하지만 단단하게 익어가고 있다. 균행이는 힘들다고 투정을 부리면서도, 그 속에 숨겨진 행복을 감추지 못한다. 가을 햇살 아래 그의 웃음은 단풍잎처럼 붉고 따뜻하다.

현이는 변함없이 지긋한 눈빛으로 친구들을 바라본다. 오래된 나무가 그러하듯, 그의 삶도 그렇게 깊고 든든하게 뿌리내려 가고 있다. 혜경이는 특유의 유쾌한 웃음소리로 가을 하늘을 가득 채운다. 그의 나날들은 앞으로도 한결같이 밝고 경쾌하리라. 마음이 넉넉한 영일이는 어느덧 육십을 바라보는 나이라고 하지만, 그의 피부는 가을 하늘처럼 맑고 곱다. 규칙적인 삶, 꾸준한 운동이 만들어 낸 자연스러운 결과다. 마치 노을이 깃든 저녁 하늘처럼, 그의 얼굴에는 시간의 흔적과 함께 깊은 평온함이 깃들어 있다.

그리고 순희. 나의 가장 고마운 친구.

"잘 가고 있니? 졸리지는 않니?"

운전하는 내내 나를 걱정하는 그의 다정한 목소리가 가슴 깊이 스며든다. 그의 마음처럼 그의 삶도 깊고 넉넉하리라. 지금이 행복한 그이기에, 앞으로도 행복할 것이라 믿는다.

집으로 가는 길,
나는 가을의 풍성함을 만끽한다.
창밖으로 스치는 노랗고 붉은 단풍,
그리고 황금빛 햇살과 함께
만추의 들판을 붉게 물들이며
저무는 노을까지 모든 게 좋다.
혼자 운전하며 오가는 네 시간,
친구들을 보러 갈 때의 설렘과
그들의 사랑을 느끼며 돌아올 때의
흐뭇함이 나를 행복하게 한다.
그래. 우리, 이렇게 **익어가는** 거야.

햇살 눈부신 가을날, 짧은 하루지만 황홀한 이 순간을 오래오래 기억해야겠다. 소중한 친구들, 그리고 가을이 선물한 빛나는 하루. 이보다 더 좋은 것이 어디 있으랴.

감사일기

어느 날, 봄날 햇살처럼 내 안에 조금씩 스며든 사람이 있다. 나를 깍듯이 선배님이라 부르며 존경과 애정을 숨김없이 표현하는 사람이다. 그녀의 순수한 눈빛 속에는 늘 애정과 진심이 가득하다. 하지만 어느 순간, 그녀가 나를 바라보고 있음에 나 또한 내 삶을 더 정성스럽게 가꾸고 있음을 깨닫는다.

그녀와 함께 시를 외우고, 책을 읽으며 대화를 나누고 서로 바쁜 시간 사이사이 잠깐씩 만나기도 했다. 내가 준비한 소박한 식탁 앞에서 한없이 감탄하며, 내 말씨와 작은 행동에 의미를 부여해주는 덕분에 내 삶이 조금씩 더 빛나고 있음을 느낀다. 자존감도 덩달아 높아져만 간다. 신기하게도 그녀와 함께 시간을 보내면서 내 버킷리스트에 적어둔 목표들이 하나씩 이루어지고 있다. 모두가 그녀가 내 삶에 들어오면서부터 생긴 변화다.

6월 어느 날, 그녀가 예쁜 카드와 함께 '감사 노트'를 선물로 주었다. 책상 위에 한 달을 넘게 잠재우다 펼쳐 들었다.

'한번 써볼까?'

가벼운 마음으로 시작했던 감사일기가 어느덧 100번째 페이지를 채우고 있다. 아침에 눈 뜨면 하루 첫 순간이 반갑고 고마워 노트에 감사한 일들을 적기 시작한다. 신기하게도 갈수록 감사할 일들이 생겨났다. 저녁에도 감사일기를 쓰게 되었고, 지난 6개월 동안 하루에 다섯 개씩, 그렇게 500번의 감사일기를 적으며 여름과 가을을 지나 겨울을 맞고 있다. 나이 예순이 되면서 철이 들어가는 건지 이제야 지금껏 얼마나 감사함 속에서 살고 있었는지 깨닫게 된다.

해가 떠오르고, 달이 차오르고, 별빛이 반짝이는 것.
눈을 뜨고, 새소리와 바람 소리를 들을 수 있는 것.
낙엽이 굴러가는 모습을 지켜볼 수 있는 것.
남편의 잔소리를 듣는 것.
가족들의 소소한 근심과 걱정을 나누는 것.
삶이 내게 던지는 숙제를
하나씩 해결해 나갈 수 있는 것.

이 모든 것이 내가 살아 있어 가능한 일들이다. 숨 쉬고, 존재하는 것만으로도 감사한 일들이 너무나 많다는 것을 이제야 깊이 깨닫는다. 감사함을 알게 해 준 그녀에게, 고마움을 전하며, 다시 맞게 되는 하루, 감사함으로 시작한다.

강릉 가는 길

    여고 친구 영희네 둘째 딸이 결혼하는 날이다. 축복을 전하러 강릉으로 향하는 길, 안개 자욱한 새벽을 가르며 이른 아침 버스에 올랐다. 전날까지도 차를 직접 몰고 갈까, 고속버스를 이용할까 고민하다가 큰 차가 낫겠다 싶어 예매하려니 그게 간단치가 않다. 회원가입 하라는데 한 번에 탁탁 되는 것도 아니고 얼마나 복잡하던지. 한참 손가락 품을 팔아 사이트에 들어가니 예식 시간에 맞는 버스 자리는 맨 뒤 중앙에 한자리. 좌석이 얄궂다. 여차하면 "기사님 저 부르셨어요?" 하고 앞으로 미끄러질 자리다.

    그것보다는 차라리 여유 있게 일찍 가는 게 낫겠다 싶어 앞차를 예매하니 예식 시간 세 시간 전 도착이다. 일찍 가서 강릉 구경이라도 할 수 있으니 오히려 잘되었다는 생각이 들었다. 오가는 길 누구를 친구 삼을까 하며 책장 앞에서 망설이다 반쯤 읽다가 덮어둔 요조와 임경선의 교환일기 『여자로 살아가는 우리들에게』가 눈에 띄었다. 버스에서 읽기 좋겠다 싶어 가방에 넣고 강릉 버스를 탔다.

강릉에 도착하니 아직 시간이 넉넉하다. 여유 있게 주변을 둘러보며 친구 균행이를 만나 행복한 커플을 아낌없이 축복해 주고 혼주이자 팬션 사장인 영희네의 '달을 품은 바다'로 향했다. 결혼식 후 친구들과의 1박 일정을 계획했다. 동해 바다가 보이는 곳에 자리한 펜션은 침대에 누워서도 동해의 수평선이 보이고, 창가에 앉으면 파도가 턱밑까지 밀려오는 그런 경치 좋은 곳이다. 늦여름과 초가을이 만난 바다는 어떤 말도 없이 그저 푸른 품을 내어주며 우리에게 연신 파도 소리를 전해주고 있다.

밤 깊을 때까지 우리는 바다를 마주하고 앉아
소소한 대화를 나누었다.
오랜 친구들과 함께하는 시간은 참 행복하다.
삶이 때때로 버거울 때도 있지만,
이렇게 좋은 친구들과
아름다운 곳에서 한 번씩 쉬어갈 수 있다면,
그것으로도 충분히 견딜 만하다는 생각이 들었다.
여행은 혼자 떠나도 좋지만,
그 끝에 반가운 이들이 기다려주는 것도
참 **따뜻한** 일이다.

다음 날 아침, 친구들과 다시 만날 약속을 하고 헤어져 대전으로 오는 버스를 탔다. 차 안은 한산하다. 버스는 몇 명 되지 않는 승객을 태운 채 부드럽게 도로 위를 달리고, 나는 창가에 기대어 몇 장 읽다 만 『여자로 살아가는 우리들에게』를 다시 펼쳐 든다.

여자라고 한정해 놓았지만 꼭 그런 것만도 아니다. 살아가는 모든 이들에게 공감할 만한 것들이 많다. 여러 차례 암 재발을 겪으며 미래 계획을 세우지 않는다는 임경선 작가나 동생의 갑작스런 죽음으로 인해 우리가 언제 어떻게 사라질지 모르는 존재라는 걸 절감했다는 요조나 모두가 상실의 아픔을 누구보다도 잘 알고 있기에 많은 부분이 공감이 갔다. 외롭기도 하고 괴롭기도 한 인생길에서 그래도 교환일기를 나누며 마음을 주고받는 두 친구가 예뻐 보인다.

그리고 보니 책에 담긴 이야기는 어쩌면 이번 강릉에서의 여정과도 잘 어울린다 싶다. 삶의 고민과 위로가 오가는 문장들을 읽으며, 나도, 친구도, 그리고 이제 막 새로운 출발을 하는 친구의 딸도, 각자의 자리에서 서로를 응원하며 나아가기를 소망한다. 결국 우리는 서로의 삶을 지켜보며 함께 성장하는 중임을 깨닫는다.

마지막 장을 덮고 창밖을 보니 초록 나뭇잎에 부서져 내리는 햇살이 눈 부시다. 새로운 출발을 하는 친구 딸의 앞날도 이 맑은 햇살처럼 빛나기를 바란다. 창가에 기대어 조용히 눈을 감는다. 오늘 하루, 나의 작은 여정이 남긴 여행의 여운이 마음속에 부드럽게 스며든다.
목적지에 다 왔으니 내릴 준비 하란다.

다정한 한 끼, 따뜻한 인연

오랜만에 한숨 늘어지게 잤다. 잔치 끝나고 나서 차 한잔 마시고 가자는 친구들의 목소리를 뒤로 하고, 곧장 집으로 돌아와 한나절 내리 잤다.

해는 어디로 가고, 서방님은 또 어디로 갔는지. 어릴 적 같으면 학교에 늦은 줄 알고 화들짝 놀라 뛰어나갔을 텐데, 이제는 그런 일도 없다. 친구들과 한바탕 즐겁게 수다 떨고 와서 간만에 꿀잠을 잔 덕분인지 주중에 쌓인 피로가 다 달아나 무겁기만 하던 몸이 가뿐해졌다.

어제 서울 나들이에 이어 오늘 결혼식까지 다녀오느라 피곤했나 보다.

조금 출출해 주방으로 나와 저녁을 준비하려니, 아까 잔칫집에서 한 상 가득 차려진 음식에 왜 그리 금방 포만감이 들었나 싶다. 별로 많이 집어 먹지도 않았는데 말이다. 사는 것에 허기가 져서 보기만 해도 배가 불렀던 건가? 아님 친구들과의 만남이 식욕도 잊을 만큼 즐거웠던 걸까?

허기가 지니 어제 저녁 서울 미희네서 먹었던 '미희표 밥상'이 눈에 삼삼하다.

야들야들한 당면 사이로 오동통한 시금치가 아삭하게 씹히던 잡채, 고소한 참기름 향이 번지는 나물들과 녹두며 수수가 적당히 섞인 잡곡밥은 수더분하면서도 품격 있는 미희의 성격처럼 구수했다. 고추잎나물, 깻잎 한 장 한 장에 친구의 손길이 스며 있었다. 무슨 양념을 넣었는지 그렇게 짭조름하고, 간이 딱 좋아서 먹고 또 먹고 싶었을까. 특히 애호박과 감자를 숭숭 썰어 넣고 끓인 된장찌개는 슴슴하면서도 담백한 맛이 친구의 마음처럼 부드럽고 따뜻했다. 그러고 보니 음식들이 미희의 삶과 닮아 있다.

급하게 가는 나를 빈손으로 보내지 않고 챙겨준 고추 간장조림 꺼내 보니 절로 침이 고인다. 저녁 반찬으로 딱이다. 곱게 다져진 고추 속엔 친구의 정성이 가득 스며 있다. 먹을 때 참기름 한 방울 떨어뜨리라고 했지만 참기름 없이도, 그 자체만으로도 입에 침이 고인다. 어서 뜨신 밥을 해서 한 숟가락 푹 퍼서, 정옥이가 농사지어 짜 준 들기름을 넣고 썩썩 비벼 먹어 봐야지.

문득 들기름 하나도 그냥 만들어진 게 아니라는 생각이 든다. 들깨 한 알 한 알 속에 얼마나 많은 땀과 노고가 들어있을까. 햇빛과 바람, 비와 어둠을 이겨내며 자라난 그 알갱이들이, 한 해를 보내며 친구의 손을 거쳐 이렇게 내 밥상에까지 올라왔다. 작년에도 참깨를 볶아서까지 줘서 겨울 내내 정옥이의 우정에 고소함까지 덤으로 먹었다. 올해도 또 염치없이 덥석 받았다. 내년엔 절대 받지 말아야지 싶다가도 친구가 가져가라고 앞에 내밀면 결국 또 받게 된다.

　냉동실을 열어보니, 추석 무렵 삶아서 얼려둔 고사리가 한 뭉치 있다. 눈 달린 생선을 좋아하는 예준이가 오면 구워주려 아껴둔 조기를 과감하게 꺼낸다. 그래, 오늘 저녁 메뉴는 조기 매운탕이다. 냄비에 고사리를 깔고, 손바닥만 한 실한 조기를 올리고, 쌀뜨물을 부어 넉넉히 채우고, 대파와 고추를 숭숭 썰어 넣는다. 부글부글 국물이 끓어오르니 외출했던 남편이 마침 돌아온다. 조기 매운탕에 친구들이 준 반찬을 쭉 늘여놓으니 잔칫상과 별 다름없는 멋진 저녁 식탁이 되었다. 남편과 둘이서 그 어느 때보다도 행복한 만찬을 즐겼다.

오늘도 잘 살았다.
친구들과의 즐거운 만남과
미희와 정옥이가 챙겨준 맛있고 고소한 정성 덕분에.
따뜻한 밥 한 끼가 오늘 하루를 푸근하게 덮어준다.
음식이 아니라, 그 안에 담긴 마음을 먹었다.
이렇게 우리는 서로가 전하는 **작은 온기**로
힘을 얻으며 살아간다.
나도 누군가에게 작은 온기라도 전하며 살아야겠다.

가을 소풍

　친구들의 따뜻한 성원 속에서 5학년 마지막 학기, 가을 소풍을 무사히 마쳤다. 백제의 고도, 부여. 고향 가까이에 있어 늘 익숙하다고만 생각했던 곳. 시집도 부여로 왔으니 더욱 당연하게 여겼던 곳. 하지만 이번 가을 소풍 덕분에 나는 부여를 새롭게 바라볼 수 있었다.

　롯데 아울렛으로 삼삼오오 모여드는 친구들. 10월의 따스한 햇살을 얼굴 가득 품고 전날부터 대기하고 있던 순희, 현이, 기숙, 정숙, 혜경이, 군산에서 가장 먼저 도착한 정심이, 논산에서 온 미형이와 미자, 계룡에서 온 선주, 홍성에서 달려온 태인이, 서울에서 내려온 영일이와 명수, 세종에서 나랑 같이 온 현주와 혜경이, 기숙을 픽업해 온 옥란이까지.

　늦게 도착한 친구들이 점심을 먹는 동안, 먼저 모인 친구들은 쇼핑을 하며 소녀 같은 들뜬 표정을 감추지 못했다. 손에 손에 득템했다고 자랑하는 모습이, 마치 여고 시절로 돌아간 듯하다.

문화단지로 장소를 옮겨 트램도 타고 위례성을 재현해 놓은 곳을 돌며 가을 햇살을 온몸으로 받았다. 이곳저곳을 거닐며 추억을 쌓고, 사비성 마당에서 펼쳐진 신나는 난타 공연을 보았는데, 흥이 넘치는 기숙이가 난타 공연팀과 함께 북을 두드리며 한바탕 신나게 놀았다.

저녁은 숙소에서 삼겹살 파티. 맥주와 와인 잔을 기울이며, 우리는 동백꽃으로 건배했다.

"동! 동무들아! 백! 백 살까지! 꽃! 꽃길만 걷자!"

배꼽이 빠질 듯한 웃음이 밤늦도록 이어졌다. 그렇게 소풍 첫날이 깊어가고, 친구들의 호호깔깔한 소리를 자장가 삼아 오랜만에 깊은 잠을 잤다. 새벽까지 이어지던 웃음소리가 알람처럼 들렸다.

다음 날 아침은 떡국 잔치. 맛있게 먹는 친구들의 모습이 그 어느 때보다 다정하고 사랑스럽다. 아침 식사 후, 정심이가 부른 '아버지는 나귀 타고' 노래에 맞춰 한 게임 더! 웃음소리가 가득한 아침, 안개마저도 친구들의 웃음에 놀라 사라져 버릴 듯하다.

백마강 구드레 나루터를 찾았다. 물안개가 뽀얗게 올라오는 강물 위로 아침 햇살이 보석처럼 반짝이는데, 그 위로 황포돛배를 타고 고란사로 향했다. 모두의 건강을 기원하며 종을 울리고, 경건한 마음으로 고란사 샘물을 한 모금씩 마셨다. 삼천 궁녀 이후 최고의 미인군단이 다녀간 오늘을 낙화암 위의 정자는 기억할 것이다.

　점심은 순희네 집에서 먹기로 했다. 백마강 갈대숲을 따라 코스모스 꽃길을 따라 달려가니, 100년 된 고택을 수리해 제2의 신혼을 살고 있는 순희 집이 보였다. 둥근 기둥이 방에도, 거실에도 있는 독특한 집이었다. 윤기 자르르 흐르는 햅쌀밥에 묵은지 숭숭 썰어 넣고, 돼지고기 목살을 듬뿍 넣어 푹 끓인 찌개. 세상에 이런 맛이 또 있을까 싶을 정도로 깊은 맛이다.

　야무진 순희는 이거저거 손수 내어놓느라 분주하다. 점심을 배불리 먹고 나서는 황토방에 배를 쭉 깔고 낮잠을 잤다. 말로는 표현할 수 없는 편안함에 다들 스르르 눈을 감고 꿀잠을 자고 일어나 아쉬운 작별을 했다.

이보다 더 좋은 시간이 있을까.
이보다 더 아름다운 가을이 있을까.
이보다 더 소중한 친구들이 있을까.
단발머리 소녀 시절 만나
아직도 우정을 키우고 있는 우리,
시간이 흘러도,
여전히 **함께**여서 고맙고 행복하다.

파파실의 아침

　지난밤 장맛비가 오락가락하더니, 아침은 안개로 시작되었다. 촉촉한 공기 속에 풀 향이 짙게 퍼지고, 뜸부기와 뻐꾸기, 이름 모를 작은 새들이 제각기 아침을 알린다. 부지런한 풀벌레도 이곳의 여름날 하루를 깨우고, 함초롬히 이슬을 머금은 꽃들이 고요한 아침 햇살을 머금고 반짝이고 있다.

　파파실, 이곳은 우리가 오랜만에 다시 모이기로 한 특별한 장소다. 27년 전 요리 교실에서 처음 만나 한 걸음 한 걸음 함께해 온 인연들. 시간이 지나면서 우리 사이의 정은 더욱 깊어졌고, 이제는 가족이나 다름없는 사이가 되었다. 지난밤 늦게까지 깔깔대며 수다를 떨던 언니들은 아직도 단잠에 빠져 있다. 하지만 나는 새벽 공기를 마시며 아침 풍경을 먼저 맞이하고 있다.

　나는 이 모임에서 막내이자 총무다. 늘 언니들의 귀여움을 한 몸에 받으며, 잔심부름과 연락을 도맡는다. 나이 차이가 느껴지지 않을 정도로 다정한 언니들 덕분에, 나는 이 모임에서 특별한 존재로 자리 잡았다. 오랜만에 함께한 이곳에서, 언니들 사랑을 한껏 받고 진정한 힐링을 느낀다. 삼십 년 가까운 세월이 흐르는 동안 아이들은 자라 어른이 되고 부모가 되어 여기저기 손주들이 태어났다. 그동안 우리도 나이 먹고 많이들 변했지만 만날 때마다 즐겁게 웃음꽃 피우는 건 언제나 변함없다.

조길순 언니는 우리 모임에서 가장 연장자이자 분위기 메이커다. 구수한 입담 덕분에 우리 모임은 언제나 웃음이 넘친다. 언니의 너털웃음과 능청스러운 말투는 우리를 늘 배꼽 잡게 만든다.

"있을 때 잘혀! 지랄하네, 있는 것들이 더햐, 없어 봐야 귀한 줄 알지."

"나는 서방만 빼곤 다 있는데 이젠 몸이 아프네. 이젠 걸어 다니는 종합병원여."

말은 그렇게 하면서도 늘 밝고 씩씩하게 살아가는 맏언니다. 넉넉한 마음으로 언제나 삶을 즐기며 살고 계신다.

우리가 언니는 가보지도 않은 곳에 대해 왁자하게 떠들어대면,

"그려, 나는 한 번도 못 가봤지만 오죽이나 좋겠냐."

하며 너털웃음을 터뜨리곤 한다.

언니들의 세월은 흘러 어느덧 60을 넘어섰다. 하지만 나는 아

직 50대에 고명을 올려 막내로 남아있다. 올해로 59, 내년이면 나도 드디어 언니들 대열에 합류한다. 덕유산 자락이 서서히 안개 속에서 모습을 드러내듯, 우리도 인생의 깊이를 천천히 익혀 가는 중일까.

'파파실'이라는 곳을 알게 된 후 꼭 같이 오고 싶은 사람이 언니들과의 모임이었다. 어디서 만나든지 모임 자체만으로 좋은 사람들이지만 자연과 함께 하는 이곳에 꼭 같이 오고 싶었다. 주위는 한 폭의 그림 같다. 바람에 흔들리는 나뭇잎, 햇살을 받아 반짝이는 들꽃들, 멀리서 들려오는 개울물 소리까지. 우리들의 대화 사이사이에 자연의 소리가 스며들어 더욱 포근한 분위기를 만들어 준다.

넓은 들판과 푸른 산자락이 감싸고 있는 곳. 동화 속 성처럼 언덕 위에 아담하게 자리 잡은 곳. 그곳에서 텃밭에서 갓 따온 신선한 채소들로 찬을 만들고 따뜻한 국과 함께 정갈하게 차려진 밥상을 받은 언니들은 모두 행복해한다. 게다가 화덕에서 갓 구운 피자를 받아들고 언니들은 소녀처럼 좋아한다. 따뜻한 밥 한 술이, 화덕의 열기를 가진 피자의 담백함이 우리 모두를 감동시킨다.

오랜만에 함께하는 자리에서 다시금 깨닫는다.
인생이란 결국 좋은 사람들과 좋은 곳에서
좋은 시간을 보내는 게 가장 **소중**하다는 것을.
시끌벅적 웃으며 이야기꽃을 피우는 동안,
지난 세월의 고민과 걱정들이 조금씩 녹아내린다.

우리는 너나 할 것 없이 이 순간들을 즐기며 맏언니의 건배로 약속한다.

"우리 앞으로도 자주 보자! 이대로 건강하게, 그리고 행복하게!"

한 잔 두 잔 주거니 받거니 나누는 술잔 속에, 서로를 아끼고 위하는 마음이 담긴다. 언니들은 나를 토닥이며 이곳으로 데리고 온 우리 막내가 최고라고 칭찬해주신다. 마음 깊은 곳에서부터 따뜻한 감정이 차오르는 행복한 순간이었다.

아침 안개가 걷히고 덕유산의 선명한 능선이 드러난다. 우리 삶도 그렇게, 더 맑고 환하게 빛나기를 바라며 파파실의 아침을 맞이한다. 이제 방에 들어가 언니들을 깨워 이 아침 풍경들을 같이 나눠야겠다.

진정한 행복

 새해 첫 '토요 독서 모임'이 있는 날이라 새벽부터 분주히 움직였다. 5시에 일어나 아침을 준비하며 황쌤이 주신 동태탕을 끓여놓을까 했지만, 남편이 별로 내키지 않는다며 마다했다. 묵직한 동태탕을 다시 김치냉장고에 넣어두고, '저녁에 보글보글 끓여내 애들 불러 함께 먹을까' 잠깐 고민했다.
 예준네는 서울 가고, 둘째네는 다음 주 출산을 앞두고 있어 어렵고, 아래층 사돈들을 모실까 망설이다가 일단 '그때 가서 생각하자' 싶어 집을 나섰다.

 독서 모임엔 여섯 명이 모였다. 올해의 첫 책은 김현철님의 『경제학이 필요한 시간』이었다. 경제 논리를 쉽게 풀어준 책이었고, 논문에 가까운 깊이 있는 내용이었는데, 의사이자 경제학자인 저자의 시각이 흥미로웠다. 많은 이야기가 오갔고, 7시에 시작된 모임은 10시가 넘어서야 끝이 났다.

 점심에는 '솜씨' 모임이 있어서 거기 가기 위해 둔산동에 들러 세 형님을 태우고 약속 장소로 갔다. 인천과 평택에서 먼 길을 마다 않고 와준 형님들 덕에 우리는 오늘도 10명 전원 출석이다. 30년 된 모임의 따뜻함이 새삼 느껴졌다.

처음에는 30대에서 50대 나이에 모여 시작된 모임이 어느덧 30년이나 지나 이제는 6, 7, 8학년이 되었다. 60대 중반인 내가 막내라니, 이제 "우리 모임도 경로당"이라는 말에 다들 웃음을 터뜨렸다. 점심으로 논산회관에서 오리 능이백숙을 먹고, 차 한 잔을 나눴다. 시간을 넉넉히 보내고 싶어 하는 형님들이 헤어지기 아쉬워하는 눈치였지만, 남편과의 시간도 보내야겠기에 먼저 나왔다.

남편과 나는 주말에 승마하러 간다. 원래 뭘 결정하는 걸 어려워하는 양반인데 승마만큼은 적극적이다. 새벽부터 움직이느라 피곤한 나는 차 안에서 잠이 들었고, 남편이 깨워서 보니 어느새 승마장에 도착해 있었다. 그런데 오늘따라 순둥이와 번영이가 말을 듣지 않았다. 주말이라 사람들에게 여러 번 불려 나와 힘들었는지 자꾸 꾀를 부렸다. 남편은 점점 자세가 잡혀가고 있다. 그런 모습이 고마웠다.

긴 하루를 마치고 집에 돌아오니 만사가 귀찮았다. 그래도 저녁은 먹어야겠기에 아침에 먹으려고 했던 동태찌개를 꺼냈다. 데워서만 먹으면 되니 황쌤이 준 동태탕이 얼마나 고마운지. 그래도 좀 더 맛있게 먹어야겠다 싶어 손으로 조물조물 빚은 수제비를 넣고 팔팔 끓여내니 남편은 "언제 이런 걸 만들었냐"며 맛있게 먹었다. 양이 많아 내일 아침 다시 끓여 먹기로 했다. 누구를 부를까 하던 생각도 다 내려놓고 둘이 먹으니 그것도 편하고 좋았다.

　예전에는 가족이 많아 아침엔 국, 저녁엔 찌개가 늘 식탁에 올랐는데 이젠 둘이 사는 살림이라 찌개를 제대로 끓이기가 어렵다. 적게 끓이면 맛이 안 나고, 넉넉히 끓이면 며칠을 먹어야 하니 된장찌개나 김치찌개 정도만 해 먹곤 했다.
　하지만 오늘은 오랜만에 정성을 들였다. 남편과 마주 앉아 오붓하게 동태찌개를 먹으며 하루를 되돌아보았다. 남편은 말들이 컨트롤이 잘 안 되는게, 아마도 피곤해서였을 거라며 다음엔 오전에 다녀오자고 했다.

　그러고 보니 순둥이와 번영이 컨디션이 새벽부터 부지런히 움직인 나처럼 피곤하고 지쳤던 것 같다. 사람이나 짐승이나 감당할 적정한 하루 에너지가 있는데 말들이 아침부터 내내 사람들을 상대했을 테니 움직이기 싫어할 만도 하다.

　저녁까지 마치고 배부른 몸을 소파에 기대고 앉아 하루를 되돌아보니 참 알뜰히도 보냈다는 생각이 든다. 아침에는 지적인 대화를 나누며 독서 모임을 했고, 점심에는 오랜 인연들과 따뜻한 식사를 나눴으며, 오후에는 남편과 함께 말을 타고, 저녁에는 맛있게 동태탕을 먹으며 서로의 하루를 공유했다. 황쌤이 준 동태탕 한 팩으로 풍성한 하루가 맛있게 마무리되었다.

소중한 사람들과 함께 나누는 시간,
따뜻한 음식,
그리고 그 속에서 발견하는 작은 감동.

그것이면 충분하지 않을까.
깊어가는 겨울밤,
새삼 진정한 **행복**이란 이런 게 아닐까 싶다.

이제 6학년이 된 나에게

오 늘
하 루 도
잘 살 았 다

4장

오늘 하루도 잘 살았다
- 내 편 -

다행이다. 혼자가 아니어서.
당신이 넘어져도 손잡아 줄 내가 있어서.
넘어져도 서로 일으켜 줄 우리가 있어서
정말 **다행**이다.

- 당신, 넘어져도 괜찮아 中에서

결국엔 부부

　오늘 아침 메뉴는 달래 된장찌개와 보리굴비. 굳이 이름을 붙이자면 '보리굴비 정식'쯤 되겠다. 아침부터 손바닥보다 큰 굴비가 밥상에 올라오니 남편은 이게 웬일인가 싶은 눈치다. 부부로 함께 살고 있지만, 같이 밥 먹는 시간은 일주일에 한두 번 될까 말까 한 우리. 보리굴비라 하면 연향이나 전주복집에서나 먹을 법한 음식이고, 그마저도 둘이 먹으면 5만 원은 줘야 하니 자주 먹기 어려운 메뉴다. 혹시나 주말에 아이들이 오려나 싶어 냉동실에 고이 모셔둔, 나름 몸값 나가는 보리굴비였다.

　남편은 지난주 친구들과 베트남 여행을 다녀왔다. 1년에 한 번씩 의례적으로 가는 여행이라 아이들에게도 "나 뱅기 탄다, 핸드폰 아웃!"이라며 가족 톡방에 남기고 떠났다. "잘 다녀오세요.", "조심하세요."라는 몇 개의 댓글과 함께 그는 떠났고, 나는 홀가분한 자유부인이 되었다. 하지만 정작 혼자 남은 나의 자유에는 아무도 관심이 없다.

　남편 없는 주말, 혹시나 아이들이 올까 내심 기대하며 약속도 잡지 않았건만, 토요일이 지나고 일요일도 다 가도록 세상에, 전화 한 통 없다. 두 아들은 내가 혼자 있다는 사실을 까맣게 잊은 모양이다. 아뿔싸, 내가 지금 도대체 뭘 기대하고 있었던 거야?

어둠이 내리는 저녁나절, 두 아들에게 전화를 걸어본다.

"뭐 하니?"

"그냥 집에 있어요. 엄마, 왜요?"

큰아들은 저녁 약속이 있어 나갈 준비 중이고, 작은아들은 처제네와 저녁 먹기로 했단다.

"그래, 잘 다녀와."

고구마 세 개를 에어프라이어에 넣고 타이머를 확 돌리는 것으로 잠깐의 기대를 휙 던져버렸다. '그래, 그렇지 뭐.' 아마 똑같은 상황이라면 나도 그랬겠지.

산 그림자가 점점 짙어지는 앞산을 보며 문득, '아, 이렇게 나이 들어가는구나…'라는 생각이 스쳤다. 다음 날 늦게나 올 남편이 갑자기 궁금해졌다. 톡에 뭐하냐고 남겨 보았지만 답이 없었고, 결국 이튿날 마지막 공항버스에서 내리는 남편을 마중 나가며 반가움을 대신했다. 그리고 '결국은 부부'라는 생각이 떠올랐다.

그래, 우리 둘이 잘 살자.
맛있는 것 아들네 주겠다고 덜어놓지도 말고,
아끼지도 말고, 있을 때 얼른얼른 먹고 치우자.
보리굴비를 노릇하게 구워 가시를 발라
남편 밥그릇 위에 얹어 주니,
남편은 눈을 동그랗게 뜨고 나를 바라본다.

"나도 이럴 때 있다우. 밥 좀 더 드실라우?"

당신, 넘어져도 괜찮아

남편과 함께 저녁 먹고 들어오는 길. 갑자기 아이스크림이 먹고 싶대서 얼른 다녀오겠다 말하고 급히 편의점으로 들어가 아이스크림을 골라 나왔다. 말뚝처럼 가만히 서 있는 남편 손에 아이스크림을 쥐어주었다. 해가 진 지 오래되지 않은 시간, 거리에는 가로등 불빛이 어슴푸레 퍼지고,

"갑시다."

두어 걸음 앞서 걷다가 뒤돌아보는데 남편의 걸음이 이상하다 싶은 순간, 한 발 내딛는 듯하더니 순간적으로 균형을 잃었다. 그러고는 곧 내 쪽으로 쓰러지고 만다. 순식간에 일어난 일이었다.

"쿵!"

그가 내게 덮치듯 넘어져 우리는 함께 보도블록 위로 쓰러졌다. 손에 든 가방이며 짐 보따리가 사방으로 날아가고, 그이는

내 등에 엎어지고, 난 차가운 보도 블럭과 온몸으로 인사했다.

그 순간, 그렇게 바닥에 널브러져 아픈 상황에서도 누군가가 보면 어쩌나 하는 부끄러움이 몰려왔다. 다행히 어둑한 저녁, 인적 없는 조용한 길이었고, 바로 앞 아파트 화단에 심어진 쥐똥나무가 우리 모습을 잘 가려주었다.

정신을 차리고 보니, 남편은 내 등 위에서 힘겹게 몸을 일으키고 있었다. 땅에 손을 짚는 순간 충격이 있었는지 통증이 손목으로 밀려왔다. 오른손에 힘이 들어가지 않아 주먹을 쥐어보려 했지만 힘이 가지 않았다. 하지만 남편이 걱정되었다.

"괜찮아?"

남편은 미안한 얼굴로 괜찮다며 아파서 흔들고 있는 내 손목을 걱정해 주었다. 나는 애써 미소 지으며 걱정말라고, 당신이 무게가 많이 나가지 않아 아무 상관 없다고 말해주었다.

남편을 부축하고 집으로 돌아오는 길에 많은 생각을 하게 되었다. 이렇게 넘어진 것은 처음이었다. 갑자기 몸이 불편해져서 예전과는 달라졌지만, 움직이는 속도가 늦을 뿐이지 일상생활에 지장 없기에 크게 걱정 안 했었다.

그런데 오늘 이렇게 되고 보니 남편 혼자 있었다면 어땠을까 하는 걱정이 밀려왔다. 생각만으로도 목이 울컥하고 가슴이 막혀왔다. 혼자였다면, 이 차가운 보도블록 위에서 얼마나 오래 누워 있었을까. 주변에 아무도 없었다면, 얼마나 오래 아파하고 힘들어했을까. 나는 오른손을 주무르며 남편을 바라보았다.

그는 여전히 미안한 얼굴로 내 손을 꼭 잡고 있었다. 그의 눈빛 속에 걱정이 가득했다. 하지만 걱정해서 무엇하랴. 오늘은 이렇게 내 손을 잡고 일어났으니 그걸로 된 것을.

다행이다. 혼자가 아니어서.
당신이 넘어져도 손잡아 줄 내가 있어서.
넘어져도 서로 일으켜 줄 우리가 있어서
정말 **다행**이다.

오늘 하루도 잘 살았다

　10부제 날 하루쯤은 나의 애마도 쉬게 하고 국가시책에 함께 하자 싶어 남편도 차를 사무실에 두고 왔다기에 카카오 택시를 불렀다. 시간에 맞춰 내려가니 택시 두 대가 나란히 서 있다. 이상하다 싶었지만 누가 또 부른 사람이 있겠지 하고 핸드폰에 뜬 차량번호 확인하고 차를 탔다.

　사무실에 도착하자마자 모르는 번호로 전화가 온다. 택시가 도착했는데 왜 안 나오냐는 거다. 아뿔사! 두 대를 부른 모양이다. 이럴 때 나의 손은 '똥손'이다. 엉뚱한 버튼을 누르고, 엉뚱한 행동을 하게 만드는 나의 손. 한마디로 사고뭉치 손이다. 기본요금에 조금 얹어 송금했다.

　사무실에서 정신없이 할 일들을 하고, 오후에 소연 씨 건을 마무리하고 계약이동을 시키니 창밖이 이미 어둑하다. 퇴근 준비를 하는데 짝꿍에게 전화가 왔다. 빵이랑 까스명수 사 오란다. 알겠다고 답하고 동네 빵집부터 들러 사 오라는 빵을 사고, 까스명수를 사러 지하 마트로 내려갔다.

마트에 가서 콩나물을 보니 '얼큰하게 국 끓여 먹어야겠다' 싶어서 청양고추와 대파까지 사고, 우유와 슈퍼백 요구르트도 담았다. 생각지도 않은 것들에 자꾸 눈이 가 다 넣으니 장바구니 한 가득이다. 뭘 더 사야 될 것 같은 마음에 한 바퀴 더 돌아보고 집으로 와 장 본 것을 식탁 위에 풀어놓는데 남편이,

"까스명수부터 줘."

순간, 머릿속이 하얘졌다. 그제야 알았다. 그 찜찜함의 정체를. 까스명수! 내가 마트에 간 이유였다. 한숨이 절로 나왔다. 사 오라는 것만 빼먹고 쓸데없는 것만 사 왔다. 슈퍼는 왜 간 건지…. 오늘은 도대체 왜 이러는지 모르겠다. 이렇게 한심할 수가 있나 싶어 맥이 탁 풀렸다.

사람은 모든 걸 기억하면 안 되니까 '망각'이라는 기능이 있다고 하던데, 나는 그 기능이 너무 과하게 활성화된 게 아닐까. 인간의 뇌는 필수적인 정보만 기억하고, 불필요한 정보는 자연스럽게 지운다는데, 그래야 뇌의 에너지를 효율적으로 쓸 수 있다는데, 나는 '깜빡이'라 필수적인 정보도 지워버리나 보다.

두말없이 벗어놓은 코트를 다시 걸치고 동네 마트로 향했다. 아니, 향한 게 아니라 거의 뛰다시피 했다. 엘리베이터에서 거울을 슬쩍 보니 내 모습에 내가 웃음이 나온다. 코트 단추도 제대로 채우지 못하고, 주머니에서 지갑을 찾느라 허둥대며 발걸음을 종종거리는 내 모습이라니.

마트에 도착해 까스명수를 한 박스 집어 들었다. 괜히 더 단단히 붙잡고선 옆구리에 바짝 끼고, 얼굴을 반쯤 파묻은 채 아파트 마당을 종종 뛰어 돌아왔다. 집에 도착하자마자 숨을 헐떡이며 짝꿍에게 까스명수를 전했다. 덕분에 운동 제대로 했다는 생각이 들었다.

그랬다. 오늘 하루는 실수투성이였지만,
택시 사건 덕에 정신이 바짝 들었고,
까스명수 사건 덕에 왕복으로 뛰었다.
살다 보면 이런 날도 있는 거다.
택시 두 대쯤 부를 수도 있고,
사 오라는 것 쏙 빼먹을 수도 있는 거다.
오늘 하루 내 뇌는 기억을 놓쳤지만,
내 다리는 이를 보완해 주지 않았던가.
중요한 건 어떻게든 해결했다는 거다.

오늘 하루도 잘 살았다.

아들이 준비해 준 영탁 콘서트

연말을 잘 보내라며 아이들이 주문한 영탁 콘서트 티켓이 도착했다. 아직 멀었다고 생각했는데 그날이 다가왔다. 아침부터 서둘러 승마를 다녀와 동태찌개로 점심을 먹고, 공연장인 DCC로 향했다.

도착하니 형광봉을 손에 든 아줌마와 아저씨들로 가득했다. 푸른 티셔츠를 맞춰 입고 열광하는 팬들의 모습에서 그들의 열정이 느껴졌다. 나이와 상관없이 누군가를 진심으로 좋아하는 일이 얼마나 사람을 생기 있게 만드는지 눈으로 목격할 수 있었다.

공연이 시작되고 영탁은 두 시간 넘게 노래도 부르고 이야기도 해 주었다. 직접 가까이에서 본 영탁의 모습은 화면보다 훨씬 더 잘생겼고, 무대 위에 퍼지는 그의 목소리에 관객들은 모두 환호하며 뜨거운 박수를 보냈다. 열정이 콘서트장을 가득 채웠다.

내 옆자리에 앉은 분은 대구에서 왔다는데, 알프스산맥을 등

반해도 좋을 만큼 커다란 배낭을 들고 와서는 그 안에서 영탁의 이니셜이 새겨진 구슬 팔찌를 주섬주섬 꺼내어 앞뒤로 이 사람 저 사람 나눠주고, 옆에 앉은 나에게는 형광봉도 두 개나 챙겨주었다.

무언가를 끝없이 꺼내는데 그 안에는 충전기까지 있었다. 자신이 산 것을 기쁘게 나눠주며 행복해하는 그분을 보며 '저런 삶도 있구나' 싶었다. 사람마다 좋아하는 것이 있고, 그것을 위해 기꺼이 노력하는 모습이 참 멋지게 느껴졌다.

나의 또 다른 옆자리에 앉은 남편은 그분과 달라도 너무 달랐다. 열정의 무대를 펼치는 영탁 앞에서, 자비를 들여 바리바리 응원 도구를 사서 아낌없이 내주시는 대구 아주머니와 달리 내내 졸고 있다. 물론 아차 싶었다. 새벽 일찍 일어나 사우나에 승마까지 다녀왔으니 피곤할 만하지. 30만 원짜리 잠을 잔다 싶었지만, 후반부에 '막걸리 한 잔'이 흐르자 그제서야 눈이 또록해진다.

"아빠처럼 살긴 싫다며 가슴에 대못을 박~~던 못난 아들 달래주시며 따라주던 막걸리 한 잔~"

노래가 흐르며 공연장의 분위기는 한층 뜨거워졌다. 애절한 감성이 묻어나는 이 노래를 들으니 부모님이 생각났다.

이제 우리가 그런 아버지와 어머니가 되어,
아들 며느리들이 사준 공연을 보고 있는 것이
참 묘하게 다가왔다.

**힘든 삶을 견디며
가족을 위해 살아온 부모님처럼,
이제 우리도 그런 존재가 되어가고 있다.**

공연 관람을 마치고 시원한 굴국밥으로 저녁을 먹으니 그제야 한 해를 정리하는 기분이 들었다. 이제는 내 아이들이 부모를 챙기는 나이가 되었다. 우리 둘 배짱으로는 감히 생각도 못 낼 값비싼 콘서트. 아이들이 있기에 이런 경험도 해볼 수 있다.

그 마음이 고맙고, 한편으로는 나이 들어가는 게 실감 났다. 한때 부모님을 모시고 다니던 우리가 이제는 아이들 손에 이끌려 공연장을 찾고, 색다른 경험을 하게 되니 묘한 기분이었다.

올 한 해도 열심히 살았다. 영탁의 노래처럼 힘든 일상을 살아가는 우리에게 위로가 되는 순간이었다. 내년에도 건강하게 더 좋은 날들을 맞이하고 싶다. 아이들에게도 영탁에게도 고마운 밤이었다.

어쩌다 삼성화재

입사한 지 30년 장기근속 기념패를 받았다. 속절없이 시간이 지났다. 30대에 입사한 나는 60대 중반을 지나고 있다. 10년만 해야지 했는데 10년씩 세 번 한 셈이다. 뒤돌아보니 지나온 세월이 눈에 선하다. 연년생 아들 둘을 키우며 유치원에 보내기 전까지는 아무 일도 하지 않았다. 엄마 역할 하는 것이 돈 버는 일보다 훨씬 중요하다고 생각했기 때문이다.

아이들이 유치원에 가게 되면 그때부터는 무엇인가를 해야 할 것 같았다. 아들 둘을 키우면서 할 수 있는 일이 무엇일까 고민하던 중에 자동차 보험료를 받으러 온 남편의 친구, 민주 아빠한테 물었다.

"그 일, 저도 할 수 있을까요?"

"그럼요, 주부에게는 딱이죠. 출퇴근을 내 맘대로 할 수 있어 좋아요. 돈이야 열심히 하면 벌리고요."

흔쾌한 대답에 마음이 움직였다. 무엇보다 출퇴근을 내 맘대로 할 수 있다는 게 끌렸다. 일이 있으면 나가고 없으면 안 나가도 된다니 이보다 더 편한 직장이 있으랴. 아이들 유치원 보내놓고 갔다가 아이들 올 시간에 집에 오면 되겠다 싶어 내가 할 수 있는 일을 죄다 적어놓았던 '나의 직업목록 리스트'에 '보험영업'이라는 단어를 보탰다. 보험이 뭔지도 모르고 그저 자동차 보험만 보험인 줄 알았던 30대 시절이었다.

집 전화가 유일한 통신수단이었고, 집으로 배달되어 오던 신문이 세상일을 알려주는 중요한 정보였던 때. 보험이 뭔지도 몰랐던 나는 매일 배달 되어오던 아침 신문에서 보험 회사 기사를 눈여겨보게 되었다.

그때 눈에 띈 것이 주식시세였는데 업종마다 주식시세가 나오고 몇 개 보험 회사의 주식도 기재 되어 있었다. 주가가 높은 순서로 5개 회사를 메모해 놓고 그날부터 하루하루 보험 회사의 주식값을 확인했다.

한 6개월쯤 지나자 회사의 윤곽이 눈에 보였다. 114에 전화를 걸어 각 회사 전화번호를 물어 하루 날 잡아 전화기를 돌렸다. 지금으로 치면 '빅5 보험사'였으리라. 왜 그랬는지 손해보험사만 전화해 문의했다. 아마도 자동차 보험을 염두에 두어서였나 보다.

다섯 개 회사에 전화를 걸어 "그 회사는 어떤 회사냐. 내가 가서 일할 건데 어떤 대우를 해주냐" 등등을 물었다. 성의 있게 대답해 준 회사는 삼성화재뿐이었다. 다른 회사에서는 아무도 내 전화번호를 묻지 않고 끊었는데 삼성화재는 내 전화번호도 물으시며 아주 친절히 받아 주셨다.

그때 전화응대를 해 주신 분이 바로 박상호 부장님이시다. 지금은 저세상으로 가셨지만 돌아가시기 전까지 훌륭하게 일을 처리해 나가셨고 언제나 동료와 후배들에게 존경받는 분이셨다. 늘 친절하고 자상하셨던 그분은 지금도 나의 도입자로 이름이 남아 계신다. 그분은 내가 아이들을 유치원 보낼 때까지 한 달에 한 번 꼭 교육 일정을 알려주며 나를 관리하셨다.

보험사 주식값도 꾸준히 오르고 있었고 나를 위한 공들임도 있고 해서 아이들을 유치원에 보내놓고 1년여 탐구 끝에 박상호 과장님을 뵈러 갔다. 1994년 4월이었다. 내가 가지고 있는 옷 중에서 가장 괜찮은 옷을 입고 삼성화재로 나들이했다.

31년 전 그 일이 나에겐 대장정의 시작이었다.
다시 돌아간다 해도 그 선택을 했을까?
아마 그럴 것이다.
지금 생각해도 삼성화재로의 선택은
내 인생의 '신의 한 수'였다.
송점순, 잘 했어!

달랏의 나비

달랏에서의 마지막 날 아침, 여전히 맑고 쾌청한 하늘. 상쾌한 공기를 들이마시며 이곳에서의 시간을 마음속 깊이 새긴다. 곧 나트랑으로 이동해 일정을 마친 후 밤 비행기로 출국하면, 내일 아침이면 다시 내 나라 땅을 밟게 된다. 돌아갈 곳이 있다는 것, 그리고 돌아가서 해야 할 일이 있다는 것이 참으로 감사하다는 것을 여행 중에 다시금 깨달았다.

이번 여행으로 베트남에 대한 새로운 것들을 알게 되었는데 그중에서도 달랏은 무척이나 인상적이었다. 나에게 나비와 함께 영원히 기억될 장소가 되었다.

어디에선가 본 글이 생각났다. 달랏의 낮은 청순한 여인이 창포물에 머리를 감고 금방 단장을 마친 듯 맑고 순수한 분위기였다. 그러나 해가 넘어가고 어둠이 내리면, 도시는 곱게 화장한 무희처럼 화려하게 변신한다.

낮에는 고즈넉했던 거리가 밤이 되면 수많은 사람들이 거리로 몰려와 뜨거운 열기로 가득 찬다. 도시 곳곳에 피어난 형형색색의 불빛, 활기 넘치는 거리 공연, 밤늦도록 이어지는 사람들의 웃음소리. 그렇게 낮과 밤이 다른 달랏의 매력에 우리는 모두 감탄했다. 이곳의 흥겨운 밤 풍경이 오래도록 남아있을 것 같다.

나트랑에서 고산지역을 따라 우리나라 옛 대관령 길 같은 꼬불꼬불한 길을 3시간 넘어 달려 도착한 곳, 달랏은 나비들의 천국이었다.

벚꽃잎이 바람에 날리듯 수많은 나비들이 하늘을 수놓고 있었다. 살면서 이렇게 많은 나비를 본 적이 없었다. 지난번 보홀에서 방문한 나비농장보다 이곳 나비들이 훨씬 더 자유롭고 생동감 넘친다.

푸른 나무들 사이를 누비며 꽃잎처럼 날아다니던 노랑나비, 하얀 나비들. 그들은 어디서 와서 어디로 가는 걸까. 바람을 타고 날아오르는 나비들의 움직임을 바라보며, 문득 어린 시절 나비를 쫓아 달리던 기억이 떠올랐다. 나비들의 존재를 한동안 잊고 살았음을 깨닫는다. 햇살에 반짝이던 나비의 날개와 함께 그날의 따스한 바람과 꿈결 같은 순간들이 내 안에 다시 피어난다.

언젠가 달랏을 떠올릴 때면,
나는 가장 먼저 나비들을 떠올릴 것이다.
나비들의 날갯짓 사이로 퍼져가던 햇살,
그리고 그 속에 녹아있던 내 **꿈**들을
다시금 기억할 것이다.

동유럽 기행

　영화 아마데우스를 보면서 모차르트의 고향 잘츠부르크를 떠난 지 여섯 시간만에 천년의 고도 프라하에 도착했다. 중세의 향기가 가득한 이곳은 도시 전체가 유네스코 세계문화유산으로 지정된 곳이다. 바츨라프 광장에는 봄날의 훈풍 속에서 젊음이 넘쳐났다.

　저녁에는 구시가지 골목길을 거닐다가 흑맥주 한 잔과 함께 프라하의 밤을 맞았다. 중세도시의 불빛과 까를교를 따라 흐르는 볼타바강의 야경은 신비로웠다. 다음 날, 흐린 하늘 아래 프라하성을 찾았다. 성 비투스 대성당의 스테인드글라스는 압도적인 아름다움을 뽐냈고, 틴 성당의 두 첨탑은 하늘을 찌를 듯 솟아 있었다.

　천문 시계 앞에는 30초 동안 펼쳐지는 중세의 쇼를 보려는 관광객들로 가득했다. 프라하 경제가 관광 수입에 크게 의존한다는 말을 실감했다. 트램을 타고 도시를 한 바퀴 돌고, 시장에서 잠시 시간을 보낸 후 공항으로 향했다. 프라하에서의 짧은 여운을 남긴 채, 다음 목적지 크로아티아로 향했다.

　아드리아해가 반짝이는 오파티아의 아침. 새소리로 잠을 깼다. 100년 넘은 건물들이 줄지어 있지만 거리는 깔끔하고 조용했다. 발코니에서 내려다보이는 바다는 햇살을 받아 더욱 푸르게 빛났다. 빨간 지붕들과 사이프러스 나무 사이로 펼쳐진 풍경은 동화 속에서 본 듯한 모습이었다. 짧게 스쳐 가는 것이 아쉬웠다. 언젠가 소중한 사람들과 다시 오리라는 다짐을 하며 슬로베니아로 향했다.

　슬로베니아에서 가장 인상 깊었던 곳은 포스토이나 동굴. 수만 년 세월을 간직한 이곳은 그 신비로움으로 숨을 멎게 했다. 동굴 기차를 타고 깊숙이 들어가니, 종유석과 석순이 빚어낸 장관이 펼쳐졌다. 한겨울처럼 서늘한 동굴 속, 인간 물고기라 불리는 신비한 생명체도 보았다. 자연의 경이로움을 가슴에 담고 나오는 순간, 4월의 햇살이 더욱 따뜻하게 느껴졌다.

　플리트비체 국립공원. 요정이 사는 숲이라 불리는 곳이다. 16개의 호수가 계단처럼 이어지고, 크고 작은 폭포들이 흘러내렸다. 몇 시간 동안 걷고, 기차를 타고, 다시 배를 타고 이동하며 아름다움을 만끽했다. 말로 다 표현할 수 없는 감동, 그저 영혼이 맑아지는 느낌이었다. 이곳에서는 여기저기에서 손나팔을 든 요정들이 폴짝폴짝 뛰어나올 것만 같았다.

　다음 행선지는 부다페스트. 겔레르트 언덕에서 내려다본 도나우강. 부다와 페스트, 두 도시가 강 하나를 사이에 두고 조화를 이루고 있었다. 국회의사당과 세체니 다리가 어우러진 야경은 동유럽에서 가장 빛나는 장면으로 유명하다고 한다. 어부의 요새, 마차시 성당, 그리고 성 이슈트반 대성당까지, 도시 곳곳에 남아 있는 역사의 흔적들은 또 하나의 이야기를 들려주었다.

도나우강 위에서 와인 한 잔을 기울이며 생각했다.
여행이란 결국 이렇게 순간을 가슴에 새기는 일.
지나간 시간들을 잊지 않도록
마음 한편에 차곡차곡 **쌓아가는** 것이 아니던가.

숨 가쁘게 이곳저곳을 쫓아다니면서 너무나 많은 것들을 만났다. 가슴속에 잘 간직해 두고 두고두고 꺼내 보리라.

동유럽 여정은 하나로 연결된 길이었다. 프라하에서 시작된 여행은 아드리아해를 지나 알프스 끝자락을 넘어 부다페스트 강물 위에서 마무리되었다. 길 위에서 소중한 것들을 잃기도 하고, 뜻하지 않은 아름다움을 발견하기도 했다. 무엇보다,

이 길이 내게 남긴 것은
'또 다른 여행을 꿈꾸게 한다는 것'이었다.
세상은 넓고 갈 곳은 많다!

이제 6학년이 된 나에게

오늘
하루도
잘 살았다

5장

오늘 하루도 잘 살았다
- 책과 함께 -

한참 그렇게 가을 속에 머물다 보니,
문득 생각이 바뀌었다.
가을은 신부가 마차를 타고 떠나듯,
그렇게 훌쩍 지나가 버리는 줄 알았는데,
이토록 눈부신 가을이 남아 있는데
왜 벌써 떠났다고 생각했을까?
지금 내 앞에 펼쳐진 이 가을이,
내 삶의 절정이라면 어떨까?

- 향천사의 늦가을, 시와 함께 中에서

오래된 미래, 라다크에서 배우다

새해 들어 처음 읽은 책이었다. 아마도 '인생을 바꾸는 한 권의 책'이라는 말이 아니었다면, 이 책을 지나쳤을지도 모른다. 『오래된 미래』. 환경운동가이자 작가인 헬레나 노르베리 호지가 들려주는 라다크의 이야기는 마치 타임머신처럼 나의 유년 시절을 떠오르게 했다.

책장을 넘길 때마다 지게를 지고 산에 오르던 할아버지가 떠올랐다. 가을 해거름 등 굽은 몸으로 나뭇짐을 가득 지고 돌아오던 할아버지. 가끔은 호주머니에서 으름이나 다래를 한 움큼 내 손에 쥐어 주셨고, 때로는 나뭇짐 속에서 싸리버섯과 도토리를 한 줌 꺼내 주시기도 했다.

부엌에는 생솔가지 타는 매캐한 연기가 자욱했고, 할머니는 머리에 수건을 두르고 저녁밥을 지으셨다. 화롯불 옆에서 곰방대를 입에 문 할아버지는 그 긴 곰방대를 화로에 수시로 들락거리시며 화로 가장자리를 탕탕 치시곤 했다.

나는 아랫목에 배를 깔고 엎드려 내 이름 석 자를 수도 없이 써가며 학교 갈 날을 손꼽아 기다렸다. 그때 겨울은 혹독했지만 얼마나 따뜻했던가.

책 속의 라다크 사람들도 그러했다. 1년 중 8개월이 영하 30도를 넘나드는 혹독한 겨울과 뜨거운 여름. 연간 강수량이 100mm 남짓한 척박한 땅. 그러나 그들은 자연을 거스르지 않는다. 이웃과 함께 공동체 안에서 생활하기 때문이다. 스트레스라는 단어를 생각하지 않아도 될 만큼 평화스러운 상황에서 웃음을 잃지 않고 살아가는 사람들이었다.

그러던 그곳에 변화가 찾아왔다. 관광객이 들어오면서, 서구 문물이 퍼지면서, 가족 공동체의 유대와 온화했던 삶의 방식이 흔들리기 시작했다. 뿌리 깊이 자리했던 만족과 평온이 조금씩 파괴되어 갔다. 일부 지식인과 환경운동가들은 '전통'과 '개발' 사이에서 적정선을 유지하려는 움직임을 시작했다.

산업화의 긍정적인 요소를 받아들이되, 오랜 시간 유지해 온 사회적, 생태적 균형을 잃지 않으려는 노력. 우리가 나아가야 할 방향이 아닐까.

> 현대화는 처음엔 조건 없는 발전처럼 보이지만,
> 그 부정적인 결과는 시간이 흐른 뒤에야
> 명확해진다는 작가의 말에 깊이 **공감**한다.
> 오랜 전통과 생태적 조화를 해치지 않으면서도
> 삶의 수준을 향상시킬 수 있다면 좋으련만
> 개발은 너무도 많은 것들을 빼앗아가 버렸다.

라다크에서 쓰는 표현 중 마음에 들어서 쓰고 싶은 것들도 몇 개 있었다. 어두워진 뒤부터 잠잘 때까지를 나타내는 '콩그로트', 해가 산꼭대기에 걸려 있는 한낮을 뜻하는 '나이체', 그리고 정말 새 소리를 받아 적은 것 같은 '치페치릿'은 새들이 지저귀는 이른 아침을 말한다고 한다. 시간을 정확히 나누지 않는 그들의 여유로움도 좋았다.

책을 읽는 동안 할아버지 댁에서 살았던 유년 시절이 내내 떠올랐다. 지게 지고 산에 다녀오시면서 나무 열매를 따서 가져다주시곤 했던 할아버지와 가마솥 가득히 옥수수를 삶아 이웃들과 다 같이 나눠 먹던 할머니가 너무도 보고 싶어졌다.

정확히 몇 시 몇 분이 아니라 라다크에서 쓰는 말처럼 동틀 때쯤이라던가 아침나절이나 해거름 같은, 그런 여유 있는 말을 쓰던 그 시절이 그립다. 우리는 앞으로 나아갔지만 너무나 많은 것들을 잃어버렸다.

내게 시가 온 날은

 세 번째 시 모임이 있는 날, 한겨울 추위가 고스란히 느껴지는 매서운 날씨다. 맹렬한 한파를 무릅쓰고 멤버들이 다 모였으니 다들 이 시간을 얼마나 기다렸는지 알 만하다. 오늘 우리가 같이 나눌 시 중에는 파블로 네루다의 '시'도 있었다.

그러니까 그 나이였어… 시가
나를 찾아왔어. 몰라, 그게 어디서 왔는지,
모르겠어, 겨울에서인지 강에서인지,
언제 어떻게 왔는지 모르겠어.
아니, 그건 목소리가 아니었고, 말도
아니었으며, 침묵도 아니었어,
하여간 어떤 길거리에서 나를 부르더군,
밤의 가지에서,
갑자기 다른 것들로부터,
격렬한 불 속에서 불렀어,
또는 혼자 돌아오는데 말야
그렇게 얼굴 없이 있는 나를
그건 건드리더군

- 파블로 네루다, '시' 中에서 -

  '시가 내게로 왔다'라는 구절을 되뇌며, 문득 나에게 시는 언제 어떻게 찾아왔는지를 떠올려 보게 되었다. 나는 시를 좋아한다. 시는 긴장하며 일해야 하는 현실 속에서 숨 쉴 틈을 주는 휴식이자 살아갈 힘을 주는 생명수 같은 존재다. 눈으로 마음으로 시를 음미하며, 목소리를 내어 시를 읊고 있노라면 사느라 팍팍해진 마음에 비로소 여유가 생기는 듯하다. 버석거리며 말라버린 땅이 해갈되어 촉촉해진 느낌이다.

  시 낭송을 하며 말이 가진 깊이를 음미하고, 단어들이 품고 있는 정서를 느낄 때면 가슴이 벅차오르곤 한다. 그렇게 여러 해 시 낭송을 해왔고, 지금도 꾸준히 그 길을 걷고 있다.

  내가 시를 처음 만난 순간은 언제였을까. 정확히 기억나지는 않지만, 아마도 어느 고요한 밤 책장 한구석에서 나를 부르던 시 한 편이었을 것이다. 네루다의 말처럼 그것은 목소리도 아니었고, 말도 아니었으며, 침묵도 아니었다. 다만 나를 감싸던 공기처럼 자연스럽게 스며들어 내 마음을 흔들었다.

그때부터 시는 나의 일부가 되었다.
시는 나에게 위로가 되기도 하고,
새로운 깨달음을 주기도 했다.
때로는 나를 울리고,
때로는 내 안의 감정을 **일깨운다**.

시를 읽고 낭송하는 순간, 나는 세상과 소통하며 나 자신과도 깊이 마주하게 되었다. 그 짜릿한 감동을 알기에 이 추운 날씨를 뚫고 우리들은 모여 시를 읊으며 그 안에 담긴 삶의 지혜를 함께 나누고 있다. 우리는 시 속에서 길을 찾고, 위안을 얻으며, 더 나은 사람이 되어 가는 중이다.

네루다는 시가 자신을 '얼굴 없이 있는 나를 건드렸다'고 했던가. 그 표현이 무얼 말하고 있는지 어렴풋하게나마 알 것 같다. 시는 내 안의 깊은 곳을 건드리고, 보이지 않던 감정을 드러나게 했다. 그렇게 시는 언제나 내 곁에서 나를 위로해 주고 있었다.

아마도 나는 앞으로도 내내 시를 곁에 둘 것 같다. 여전히 시를 낭송하고, 시를 통해 나를 발견하고, 삶을 배워나갈 것이다. 시가 언제 나를 찾아왔는지 분명한 기억은 없지만 앞으로 오래도록 나와 함께 할 거라는 것만은 확실하다.

그러라 그래

『그러라 그래』. 양희은 씨가 쓴 책이다. 우선 제목이 마음에 들었다. 언제, 어떻게 "그러라 그래"하고 통쾌하게 한마디 할까 싶어 잡자마자 단숨에 읽었다. 그 문장은 책에서 두 번 등장한다. 한 번은 제목에서, 그리고 한 번은 본문에서. 그러나 그 두 번의 울림이 깊다.

남 신경 쓰지 않는 양희은만의 위로 방식. 나처럼 주변을 의식하고, 보이는 것과 보이지 않는 것들에 신경을 곤두세우며 살아온 사람에게는 어쩌면 아득한 이야기일 수도 있고, 반쯤 체념한 이야기일 수도 있다.

책을 읽어 내려가며 "그러라 그래", "니 맘대로 해", 이런 말들을 되뇌고 나니 마음이 한결 가벼워졌다. 남이 뭐라든, 하고 싶은 대로 하면 된다. 남들의 반응이나 생각까지 내가 신경 쓸 필요는 없으니까.

책을 읽을 때 포스트잇을 붙이고 밑줄 긋는 습관이 있다. 그런데 이 책에서는 딱 한 군데만 줄을 그었다. 줄을 그을 곳이 없어

서가 아니다. 어쩌면, 모든 문장이 밑줄을 긋고 싶은 문장이어서 읽다 보니 그을 시간이 없었을지도 모른다. 아니면 그의 소소한 일상이 나의 소소한 일상과 맞닿아 있었기 때문일지도 모른다. "그러라 그래", 그렇게 생각하며 책을 단숨에 읽고 나니, 속이 편해지며 웃음이 난다.

"그래. 그러라 그래."

일을 하면서 사람과 부딪히며 마음 다치는 일을 많이 경험했다. 때론 상처받고, 힘 빠지고, 나 자신을 지키기 어려운 날들도 있었다. 그래왔기에 "그러라 그래"라는 주문이 너무 통쾌하게 와 닿는다. 이제 나도 거의 그 수준이다. 마음 지치고 자존심 상할 일들을 삼십 년 넘게 반복하면서 웬만한 것엔 끄덕하지 않을 만큼 연륜과 내공을 쌓아온 덕분이다.

내가 하는 일은 멘탈이 중요하다. 그걸 챙기지 못하면 쉽게 흔들리고, 넘어진다. 그래서 나는 후배들에게 가끔 말한다.
"흐르는 물에 던져버려라. 그러면 새 물이 들어온다."고.

계속해서 흘려보내고, 다시 채우는 과정을 반복해야 한다.

"그러라 그래." 내가 후배들에게 했던 말과 별 다름없는 이 말을 되뇌어본다. 흐르는 강물에 근심 걱정 떠내려 보내면 삶이 조금은 가벼워질 것이다.

다들 그렇게 다가오는 하루하루를 홀가분하게 시작할 수 있다면 얼마나 좋을까.

이기철 시인의 시를 따라 걷다

사람과 함께 이 길을 걸었네
꽃이 피고 소낙비가 오고 낙엽이 흩어지고 함박눈이 내렸네
발자국이 발자국에 닿으면
어제 낯선 사람도 오늘은 낯익은 사람이 되네
오래 써 친숙한 말로 인사를 건네면
금세 초록이 되는 마음들
그가 보는 하늘도 내가 보는 하늘도 다 함께 푸르렀네
바람이 옷자락을 흔들면 모두는 내일을 기약하고
밤에는 별이 뜨리라 말하지 않아도 믿었네

-사람과 함께 이 길을 걸었네, 中에서

　이기철 시인의 '사람과 함께 이 길을 걸었네', 시 한 구절을 따라 걸으면, 어느새 길이 환해지고 마음이 따뜻해진다. 낯선 풍경도 그의 시 속에서는 정겹고 익숙한 그림이 된다. 시인의 말처럼 꽃의 말로 안부를 전하고, 분홍신 신고 걸어가 닿을 내일을 꿈꾸며 나아갈 수 있다면, 이보다 더 아름다운 동행이 있을까.

이기철 시인은 1943년생, 올해로 여든을 넘긴 분이다. 한 번도 본 적 없는 8학년의 오빠지만, 그의 시를 읽을 때마다 마음이 심쿵한다. 그의 시는 묵묵히 나를 감싸 안아 주는 듯한 따뜻함이 있다. 어쩌면 나는 오래전부터 이 키다리 오빠를 마음속에 품고 있었는지도 모른다.

그분의 시를 평한다는 것은 어불성설이다. 나는 그저 그의 시를 눈에 마음에 담으며 나를 돌아본다. 첫 만남은 아주 오래전이었다. 그의 시를 처음 접하고, 가슴이 쿵 내려앉는 듯한 충격과 긴 여운을 오랫동안 품고 있었다.

(중략) 그러고도 내가 하고 싶은 일이 남아 있다면, 그것은
이미 꽃이 된 사람의 마음을 시로 읽는 일입니다
마을마다 살구꽃 같은 등불 오르고
식구들이 저녁상 가에 모여 앉아 꽃물 든 손으로 수저를 들 때
식구들의 이마에 환한 꽃빛이 비치는 것을 바라보는 일입니다
어둠이 목화송이처럼 내려와 꽃들이 잎을 포개면
그날 밤 갓 시집온 신부는 꽃처럼 아름다운 첫 아일 가질 것입니다
그러면 나 혼자 베갯모를 베고 그 소문을 화신처럼 듣는 일입니다

 - 내가 바라는 세상, 中에서

그리고 또 내가 사랑하는 시가 있다. 내 마음을 움직여 친구들에게 편지를 쓰게 만든 시이다.

내가 읽은 책은 모두 아름다웠다
내가 만난 사람도 모두 아름다웠다
나는 낙화만큼 희고 깨끗한 발로
하루를 건너가고 싶다
떨어져서도 아름다운 꽃잎의 말로
내 아는 사람에게
상추 잎 같은 편지를 보내고 싶다

- 내가 만난 사람은 모두 아름다웠다, 中에서

 이 시를 읽고 나서 친구들에게 '상추 잎' 같은 편지를 쓰기 시작했고, 내가 만난 아름다운 사람들과 내가 읽은 아름다운 책 속에서 희고 깨끗한 발로 세상을 당당히 걸어가고 싶다는 바람을 품게 되었다.

 오늘 그의 산문집 『우리 집으로 건너온 장미꽃처럼』을 주문했다. 그리고 지금, 나를 늘 심쿵하게 하는 그의 시 『산그늘에 마음 베인다』를 외우고 있다.

그의 시 한 편 한 편이
내 마음속에 조용히 스며들어,
나의 **하루**를 더욱 따뜻하고
의미 있게 만들어 주고 있다.
시를 따라 걷는 길 위에서,
나는 오늘도 마음으로 안부를 전한다.

향천사의 늦가을, 시와 함께

　가을 내내 주말이 없었다. 여기저기 불려 다니느라 가을이 오는지 가는지도 모르고, 어느 날 정신을 차려보니 11월이 처마 끝에 대롱대롱 매달려 있었다. 계절이 바뀌어 겨울옷을 꺼내 놓으니 수선해야 할 것들이 한가득. 가을 내내 몸의 평수만 늘어난 것 같아 차 세차도 하고 김장 준비도 해야겠다는 생각이 들었다. 덜 급한 것은 미루고 부지런을 떨며 주말 아침 일찍 집을 나섰다.

　신호등에 걸려 핸드폰을 보니 페이스북에서 예산 곽 교장 선생님의 글이 눈에 띄었다. 예산 향천사의 늦가을 단풍 소식. 얼른 네비를 찍어보니 한 시간 십 분 거리였다. 순간 오늘 거길 가지 않으면 올가을이 송두리째 사라질 것 같은 기분이 들었다.
　차창 너머 햇살이 '그럴 줄 알았지' 하는 듯 눈부시게 내리쬔다.

　가는 길에 문정희님의 '한계령의 연가'를 읊조리며 달렸다. 계절에 맞게 시 하나는 외우고 있어야지 싶어 겨울 시로 꼽은 시다. '운명이 묶였으면' 하는 구절이 레코드판이 고장 난 듯 머릿속을 맴돈다. '헬리콥터가 나타났을 때에도 결코 손을 흔들지는 않으리'라는 구절에서 아예 멈춰 버렸다. 그나저나 향천사의 가을은 벌써 저만치 떠난 건가? 제발 아직 그대로 남아 있었으면 좋겠다.

　신양 IC를 빠져나와 향천사로 향했다. 11월의 아침 햇살이 조용히 퍼지는 시골 마을을 지나며 네비가 목적지 도착을 알렸다. 마을 속 어디에 그런 가을의 절정을 품은 절이 있을까? 주차장에 차를 대고 걸음을 옮기며 고개를 갸웃했다. 향천사로 들어서자, 눈앞 풍경이 그야말로 황홀하다. 절 마당을 가득 메운 신발들, 대웅전의 고즈넉한 분위기, 나뭇가지 사이로 부서지는 햇살이 눈부시게 아름다웠다.

　산길 따라 조금 더 올라가니 문태준 시인의 '빈집의 약속'을 떠오르게 하는 풍경이 있었다.

> 그러나 하릴없이 전나무 숲에 들어와 머무르는 때가
> 나에게는 행복하였다.
> 수십 년, 아니 백 년 전부터 살아온 나무들
> 천둥처럼 하늘로 솟아오른 나무들.
> 뭉긋이 앉은 그 나무들의 울울창창한 고요를
> 나는 미륵들의 미소라 불렀다.
> 한걸음의 말도 내놓지 않고 오롯하게 큰 미륵들이
> 잔혹한 말들의 세월을 견디게 하였다.
> (중략)

낙엽을 밟으며 시를 되뇌니, 이곳에서 시를 쓴 것이 아닐까 싶었다. 나무 사이로 보이는 푸른 하늘에 마음이 오롯이 뺏긴다. 바스락거리는 낙엽 소리를 배경 삼아 하늘을 향해 선 나무들을 바라보았다.

산길을 내려와 절 마당에서 곽 교장 선생님을 만났다. 향천사의 또 다른 단풍 명소로 안내해주셨다. 절 왼쪽 길로 가니, 그곳은 여전히 단풍이 절정이었다. 온통 오색으로 물든 나무들, 햇살이 쏟아져 내리며 단풍의 색을 더욱 황홀하게 비추고 있었다. 한 나무에 저렇게 다양한 색이 존재할 수 있다니, 오색 단풍이란 바로 이런 것이구나 싶었다.

곽 교장 선생님의 지휘 아래 수없이 많은 포즈를 취하며 단풍 속에서 사진을 찍었다. 덕분에 내 생애 처음으로 인생 샷 몇 장을 건졌다. 향천사 나무들은 하나같이 키가 크고, 수백 년을 살아온 터줏대감 같은 모습이었다. 사방이 산으로 둘러싸여 온화한 기운을 머금고 있는 듯했다.

> 한참 그렇게 가을 속에 머물다 보니,
> 문득 생각이 바뀌었다.
> 가을은 신부가 마차를 타고 떠나듯,
> 그렇게 훌쩍 지나가 버리는 줄 알았는데,
> 이토록 눈부신 가을이 남아 있는데
> 왜 벌써 떠났다고 생각했을까?

지금 내 앞에 펼쳐진 이 가을이,
내 삶의 절정이라면 어떨까?

 다시, 가을이다. 내 삶이, 내 영혼이 풍요로워질 거라고 믿는 한, 내 남은 날들은 향천사의 오색 단풍처럼 찬란할 것이다. 메밀꽃 위로 새알심이 동동 떠 있는 팥죽 한 그릇과 예산 향천사의 눈부신 가을. 이 기억은 오래도록 내 삶의 가을을 따뜻하게 물들일 것이다.

감동이 이어지는 만남은 참 행복하다

　겨울이라고도, 봄이라고도 하기에 어설픈 2월, 햇살이 유난히 따스한 날, 나는 사마천의 〈사기〉 강의를 듣고 기록에 대한 중요성을 알게 되었고, 가치 있는 죽음에 대해서도 깊이 생각해 보았다. 천년의 시간을 넘어 한 인간이 남긴 글이 오늘날까지도 우리 정신을 흔들 수 있음에 감탄했다.

　그날 이후 한동안 사마천에 빠져 지냈다. 흉노와의 전쟁에서 포로가 된 친구를 옹호하다가 궁형을 당한 후에도 치욕적인 삶을 견디며 '어떻게 사는 것이 바른 삶인지, 어떻게 죽는 것이 잘 죽는 것인지'를 고민하며 역사를 기록한 그의 인생이 존경스러웠고 감동적이었기에 그의 삶을 더욱 깊이 알고 싶어졌다.

　그러던 중, 박경리 시인이 사마천을 향해 한 편의 시를 남겼다는 사실을 알게 되었다. 사마천을 향해 띄운 시인의 문장은 절절했다. 내 마음을 대변하는 듯 한 줄 한 줄이 가슴 저리게 다가왔다.

그대는 사랑의 기억도 없을 것이다
긴 낮 긴 밤을
멀미같이 시간을 앓았을 것이다.
천형天刑 때문에 홀로 앉아
글을 썼던 사람
육체를 거세당하고
인생을 거세당하고
엉덩이 하나 놓을 자리 의지하며
그대는 진실을 기록하려 했는가.

- 박경리, 〈사마천〉 전문

  글을 남긴다는 것, 그리고 누군가의 글에 온 마음을 쏟아 사랑을 고백하는 것. 나는 그 감정을 조금이라도 더 이해하고 싶어 원주로 향했다. 그곳엔 박경리 시인이 말년을 보낸 집, 그리고 그녀의 문학관이 있었다.

  문학관에 도착해 적막한 마당 한가운데 박경리 시인의 동상과 눈이 마주쳤다. 그녀가 사랑한 고양이 한 마리가 동상 옆을 지키고 있다. 상추와 배추를 심었을 채마밭엔 꽃샘바람이 머물러 있고, 목련 꽃망울은 꿈에서 깨어난 듯 서서히 부풀어 오르고 있다. 나는 한동안 그곳에 서서 시인의 흔적을 따라가 보았다. 그녀는 이곳에서 책상 하나, 펜 하나로 사마천과 마주 앉아 글을 썼다지.

  그리고 이렇게 말했다.

"맨 나중은 버리고 갈 것만 남아서 홀가분하다."

그날 밤, 나는 사마천을 사랑한 박경리 작가의 마음을 헤아려 보면서 이런저런 생각들을 하게 되었다. 시인은 왜 사마천을 사랑했다고 했을까. 단순한 문학적 경외였을까, 아니면 그를 통해 자신을 투영했던 것일까. 사마천이 궁형의 치욕을 견디며 『사기』를 남긴 것처럼 박경리 역시 개인적인 아픔을 딛고 온 생을 다해 『토지』를 써 내려갔는데, 둘 사이 무언가 깊이 통하는 게 있었을까?

문학관을 둘러싼 길을 따라 천천히 걸었다. 달빛이 조용히 비추는 그 길 위에서 나는 내내 그 둘을 떠올렸다. 과거와 현재가 교차하는 순간이었다. 이제는 책으로만 만날 수 있는 두 인물이, 이곳에서 나와 함께 이야기를 나누고 있는 듯한 착각마저 들었다. 눈썹달이 점점 더 높이 떠오르고 있다. 나는 사마천이 남긴 글을 다시 펼쳐 들었다. 그리고 박경리의 문장도 떠올렸다.

'사람은 누구나 한 번 죽지만 어떤 죽음은 태산보다도 무겁고, 어떤 죽음은 기러기 털보다도 가볍다.'

'버리고 갈 것만 남아서 홀가분하다.'

두 위대한 인물의 말이 가슴 깊이 울려 퍼졌다. 중년 이후의 삶을 살아가는 나에게, 두 사람은 시대를 초월한 인생의 스승들이었다.

밤이 깊어가는 문학관 앞마당에서,
나는 두 사람이 걸어온 길을 마음속으로 떠올리며
그 뜰을 끝없이 거닐었다.
어떻게 살아야 할 것인가.
그것은 풀리지 않는 숙제일지 모르지만,
그래도 삶은 살아갈 만한 여정인 것 같다.
삶의 순간순간 이렇게 **감동**을 주는
사람들과 만날 수 있으니까 말이다.

봄날을 지나, 다시 맘을 추스르다

　예정보다 한 달 더 걸렸다. 작년 11월, 〈만다라 철학 노트〉를 시작하며 백일기도를 올리는 마음으로 매일 아침 필사와 컬러링으로 하루를 열었다. 한 권을 마치고 두 번째 권에 접어들었을 때, 예정대로라면 4월에 마쳤어야 했다.

　하지만 나는 한 달을 더 머물렀다. 이 봄은 유난히 견디기 버겁다. 꾸준히 무언가를 지속하는 게 쉽지 않은데, 그럼에도 불구하고 끝끝내 마치려고 버티고 있는 중이다. 그사이 감사일기는 153번째를 넘겼다. 숫자가 중요한 것은 아니지만, 페이지가 쌓여갈수록 내면도 조금씩 단단해지는 것 같아 혼자 우쭐해지기도 한다.

　4월과 5월, 봄과 여름의 사이, 몸과 마음이 힘들었다. 무기력이었을까, 아니면 내게 일어났던 일들이 내 힘으론 감당하기 어려울 만큼 무거웠던 걸까. 눈을 뜨면 해야 할 일들이 산더미처럼 쌓여 있지만, 그것들이 내 일이 아니라 타인의 일처럼 느껴졌다. 마치 멀리서 바라보기만 하듯, 손을 뻗어도 닿지 않을 것들처럼 느껴졌다.

어느 날, 이대로는 안 되겠다는 생각에 책상을 끌어당겨 보았지만, 무엇이 남고 무엇이 떠났는지도 모르고 달력은 4월에서 5월로 넘어간다. 벚꽃과 목련, 개나리, 영산홍. 봄을 수놓았던 꽃들은 내가 바라봐 주지도 않았는데 흔적도 없이 사라지고, 어느새 세상은 초록빛으로 가득 차 있다. 그렇게 한 계절이 가버렸다.

그렇게 흔들리던 마음도 초록빛이 짙어지며 서서히 제자리를 찾아간다. 마지막 몇 장 남은 〈만다라 철학 노트〉에 색을 입히고 마음을 담으며, '짜라투스트라'와의 7개월을 마무리하려 한다. 그가 내게 무엇을 말했는지, 내가 왜 그와 이렇게 오랜 시간을 보냈는지 정확히 기억하지 못하지만, 두 권의 책에서 같은 구절에 줄이 그어져 있다는 것이 신기하다.

창조하는 자는 길벗이 필요해.
나는 나의 길을 가련다.
나의 길을 가고 나의 목표를 향해가련다.
머뭇거리고 게으른 자들을 훌쩍 뛰어넘을 것이다.
내가 가는 길이 그들에게 내려가는 길이 될 것이다.

두 번째 니체와의 만남을 덮으며, 나는 내 영혼이 얼마나 자랐는지 따지지 않기로 했다. 다만, 어딘가에 깊은 우물이 생겨, 그 속에 담긴 지혜가 내 영혼이 메마를 때마다 퍼 올려지기를 바랄 뿐이다.

어딘가로 숨고 싶을 때,
그는 나를 숨겨주었고,
아무도 나를 찾지 않을 때,
그는 나를 다시 나 자신과 마주 앉게 했다.
그리고 봄비처럼 조용히 내 길을 적시며
자양분이 되어주었다.

이제 다시 길을 떠날 시간이다. 이번에는 칼릴 지브란과 함께. 매일 새벽 그가 들려주는 속삭임 속에서 나는 다시 내 우물 깊숙이 숨겨둘 지혜를 찾아보려 한다. 봄을 지나 또다시 찾아온 내 삶의 여름을 맞이하며.

키다리 아저씨를 다시 읽으며

아침 단잠을 미루고 『키다리 아저씨』를 읽어 내려가다 보니 어느새 마지막 장을 덮었다. 이런 날은 아침의 쌀쌀한 공기도 한층 상쾌하게 느껴진다.

어릴 적 읽었기에 희미한 기억으로만 남아있는 〈키다리 아저씨〉를 다시 만나보고 싶었다. 작가인 진 웹스터는 딸을 출산한 후 40세에 요절한 비운의 작가다. 나는 무슨 마음으로 알라딘 중고서점에서 출판사가 다른 『키다리 아저씨』를 두 권이나 샀을까. 아무튼 그만큼 내가 좋아한다는 거다. 그리고 그 선택이 정말 탁월했음을 다시금 깨닫는다.

책장을 덮을 때 행복한 마음에 가슴이 두근거리기도 했지만 이제 이야기가 다 끝났다는 아쉬움도 그만큼 컸으니까 말이다. 이번에는 '주디' 입장에서 읽었지만, 다음번에는 키다리 아저씨인 저비스의 눈으로 다시 들여다봐야겠다는 생각이 들었다. 재미있게 읽었던 기억만 남아있던 책이었는데, 다시 펼쳐보니 오랜만에 마주한 달콤한 로맨스에 마음이 훈훈하다.

〈키다리 아저씨〉를 처음 읽었던 날이 희미하게 떠오른다. 여고 시절이었을 거다. 느티나무 잎이 도서관 창문 앞까지 와서 살랑이던 날, 갈래머리를 묶은 나는 점심시간이 끝나는 줄도 모르고 책 속에 파묻혀 있었다. 그때 나는 졸업하기 전에 충청권에서 제일 크다고 자랑했던 학교 도서관에 있는 책을 모두 읽겠다는 야무진 다짐을 했었던 것 같다. 그리고 한동안 교복 치마를 펄럭이며 시간만 나면 드나들었다.

고아원에서 자랐지만, 주눅 들지 않고 미래를 준비해가는 주디는 자신의 삶을 조곤조곤 편지로 키다리 아저씨에게 전한다. 그리고 스스로 깨달은 삶의 지혜도 전했다.

"세상은 행복으로 넘쳐나고 사람들에게 골고루 돌아갈 만큼 충분해요. 우리는 다가오는 것을 맞이할 자세만 되어 있으면 돼요."

"엄청나게 커다란 기쁨만 중요한 게 아니에요. 작은 것에서부터 큰 기쁨을 내는 것, 그게 바로 행복의 참된 비결이고, 그러려면 바로 현재를 살아야 해요"

그녀의 말대로라면,
'행복은 스스로 찾아내는 것'이다.
사소한 일상 속에서 스스로 캐내야 하는 것이리라.
거창한 명언이 아니어도,
조곤조곤 건네는 그녀의 말들이
오늘 아침 나를 **일깨운다.**

네루다의 우편배달부와 함께한 밤

봄밤을 하얗게 밝히며 읽었다.
안토니오 스카르메타의 『네루다의 우편배달부』.

영화 '일 포스티노'를 먼저 보았기에, '언젠가 원작을 꼭 읽어야지' 하며 책꽂이 한편에 꽂아 두고 한참 둔 책이다. 그리고 마침내 어젯밤, 눈에 띄어 책을 잡았고 마지막까지 정신없이 읽었다. 책은 나를 그 시절 이탈리아 섬마을로 데려갔다.

순수한 우편배달부 마리오가 시인 네루다를 만나 시와 함께 변해가는 여정을 따라가며, 나 역시 문장 하나하나에 몸을 맡겼다. 마리오와 네루다가 시와 함께 내게로 온 밤이었다. 이 작품을 읽으며 문득 글쓰기 시간에 배운 은유가 떠올랐다. 사물을 다른 사물과 연결해 표현하는 법, 그것이 곧 '메타포'였다.

"무슨 일 있나?"

"네?"

"전봇대처럼 서 있잖아."

마리오는 고개를 돌려 시인의 눈을 찾아 올려다보았다.

"창처럼 꽂혀 있다고요?"

"아니. 체스의 탑처럼 고요해."

"도자기 고양이보다 더 고요해요?"

네루다는 문손잡이를 놓고 턱을 어루만졌다.

"마리오, 온갖 메타포로 나를 시험에 들게 하는 건 부당한 일이야."

"뭐라고요?"

"메타포라고!"

"그게 뭐죠?"

시인은 마리오의 어깨에 한 손을 얹었다.

"대충 설명하자면 한 사물을 다른 사물과 비교하면서 말하는 방법이지."

이 부분이 무척 재미있었다. 네루다가 마리오에게 바다를 보며 운율을 찾으라고 알려준 대목도 인상적이었다.

마리오는 네루다의 시를 듣고 말한다.

"시를 낭송하셨을 때 단어들이 이리저리 움직였어요."

"바다처럼 말이지!"

"네, 그래요. 바다처럼 움직였어요."

"그게 운율이란 것일세."

"그리고 이상한 기분을 느꼈어요. 왜냐하면 너무 많이 움직여서 멀미가 났거든요."

"멀미가 났다고?"

"그럼요! 제가 마치 선생님 말들 사이로 넘실거리는 배 같았어요."

시인의 눈꺼풀이 천천히 올라갔다

"내 말들 사이로 넘실거리는 배."

"바로 그래요."

"네가 뭘 만들었는지 아니, 마리오?"

"무엇을 만들었죠?"

"메타포"

"하지만 소용없어요. 순전히 우연히 튀어나왔을 뿐 인걸요"

"우연이 아닌 이미지는 없어."

마리오는 손을 가슴에 댔다.

네루다와 마리오가 바닷가에서 나눈 이 대화는 내 마음을 깊이 흔들었다. 마리오는 시를 통해 사랑을 찾고, 세상과 다시 만난다. 작가는 서문에서 이 이야기가 "열광적으로 시작해 침울한 나락으로 떨어지는 짧은 이야기"라고 했다.

그러나 내게는 '은유와 시, 그리고 삶에 대한 질문들이
넘실거리는 바다'였다.
그 바다가 나를 유혹한다.
주말엔 바닷가를 걸어야겠다.
내 머릿속에 뒤엉킨 생각들을 가지런히 정리하며,
'내 삶은 어떤 **은유**로 표현할 수 있을지' 고민해봐야겠다.

오늘 하루도 잘살았다 151

데미안과 함께하는 봄날의 깨달음

새는 알에서 나오려 한다. 알은 새의 세계다.
태어나려는 자는 하나의 세계를 깨뜨려야 한다.
새는 신을 향하여 날아간다. 그 신의 이름은 아프락삭스다.

20대의 나는 이 구절을 멋으로 읽었다. 데미안을 처음 접했을 때, 분명 가슴이 뛰었다. 그런데 그 막연한 설렘의 이유를 깊이 이해하진 못했다. 단지, 위에 언급한 저 글귀가 강렬하게 남아있었다. 세상과 나 사이에 존재하는 투명한 벽, 그리고 그것을 깨고 나아가야 한다는 어떤 예감 같은 것. 그러나 그때 나는 단순히 '멋진 문장'이라 생각했을 뿐이다.

50대 중반이 되어 다시 읽었을 때 비로소 깨달았다. 삶이란 언제나 양지와 음지를 다 같이 가지고 있다는 것, 양지 한 켠엔 음지의 무게도 공존한다는 것, 그리고 빛이 비치는 양지를 찾아갈 때마다 내가 가진 한계를 극복하고 벗어나야 한다는 것….

이제 60대에 접어들며 또다시 데미안을 펼친다. 독서 모임에서 블루쌤이 거론해주신 덕에 다시 읽게 되었는데 이번엔 또 다른 깊이로 다가온다.

우리는 단 한 번만 알을 깨고 나오는 것이 아니다. 삶의 매 순간이 작은 알이며, 우리는 그 알을 깨고 더 넓은 세상으로 나아가야 한다. 어린 시절에는 부모의 품에서 세상으로 나오기 위해, 청년 시절에는 사회로 나아가기 위해, 중년이 되어서는 삶의 또 다른 의미를 찾기 위해 우리는 끊임없이 자신만의 세계를 깨트려야 한다. 지금, 내 나이 60을 넘어가며 나는 또 다른 알을 깨려 한다.

새는 단순히 날아오르는 것이 아니다. 그 안에는 방향을 잃을 수도 있으리라는 두려움, 날개를 펼치는 순간의 불안이 숨어 있다. 하지만 새가 결국 날아오를 수 있는 것은, 그 두려움을 껴안고도 날아야 한다는 본능을 가지고 있기 때문이 아닐까.
삶도 마찬가지다. 우리는 살아가면서 여러 번 새롭게 태어나야 한다. 과거의 나를 버리고, 한 단계 더 성장한 나로 나아가기 위해서는 두려움과 맞서야 한다. 그리고 마침내 그 두려움을 넘어선 순간, 우리는 진정한 자유를 얻게 된다.

데미안을 이 봄날 아침에 내게 다시 데려다준 블루쌤께 감사하며, 나는 오늘 또 다른 날갯짓을 준비한다. 봄바람이 부는 창가에 앉아 나에게 묻는다.

**지금 내 앞에 놓인 알은 무엇인가?
나는 그것을 깰 준비가 되었는가?**

나가는 말

뼛속까지 내려가서 쓰는 것에 대하여

작년 봄, 『뼛속까지 내려가서 써라』를 사 놓고 읽다 만 채로 두고 있었다. 몇 번을 펼쳤다 덮기를 반복하다가 해를 넘겼고, 결국 마지막 달이 되어서야 손에 잡았는데 생각보다 술술 읽혀 한자리에서 다 읽어 내려갔다. 그렇게 완독한 다음 책장을 덮었지만 난 안다. 언젠가 이 책을 다시 펼쳐볼 것이라는 걸. 곳곳에 글쓰기 팁들이 가득해 글을 쓰는 이상 이 책을 내내 곁에 두고 있을 것을 말이다.

또한, 이 책을 읽고 난 후 더 이상 예전의 나일 수 없다는 것도 알게 되었다. 나의 이야기를 남겨야 한다는 생각이 더욱 확고해졌음은 말해 무엇하리.

글을 써야겠다는 마음만 있지 정작 쓸 엄두를 못 내고 있는 나는 아직도 백지 앞에서 머뭇거린다. 메모 같은 글만 몇 년째 잔뜩 써놓고 제대로 된 글을 쓰는 것은 자꾸 미뤄둔다. 아직 쓰지도 않은 내 글이 누군가의 평가를 받을 것 같은 두려움에 사로잡힌다. 내 글을 내놓을 생각만 해도 마치 벌거벗은 모습을 세상에 드러내는 것 같은 부끄러운 마음이 든다. 나 자신도 이해할 수 없는 두려움이 있다.

    그런데도 왜 나는 굳이 글을 쓰려 하는가. 내게 특별한 재능이 있는 것도 아니고, 글로 무언가를 해 볼 의도가 있는 것도 아닌데 글을 써야 한다는 어떤 강박 같은 게 있다. 아니, 그냥 글을 쓰고 싶다. 나 자신도 이유를 알지 못한 채로, 글쓰기 교실을 기웃거리고 책장 가득 글쓰기에 대한 책을 쌓아놓고 있다. 그저 환갑이 되면 내 이름으로 된 책 한 권을 갖고 싶다는 막연한 꿈 때문이었을까.
    친구들이 내게 건넨 "넌 글을 참 잘 써"라는 격려 때문이었을까. 아니면 내가 정말로 나 자신을 꺼내어 보고 싶었던 것일까.

그럼에도 불구하고,
나는 써보려 한다.
날마다 한 줄씩이라도 써야겠다.
자유롭기 위해서, 절실함으로
내 안의 또 다른 **나**를 찾아가기 위해서.

    독서는 나를 새로운 세계로 이끌고, 글쓰기는 세계를 내 안에서 다시 태어나게 한다. 나는 읽고 또 쓰며, 나 자신을 찾는 긴 여정을 시작하려 한다. 그 여정은 어쩜 아주 오래 전부터 시작됐을지도 모르겠다. 여고 1학년 때 학교 교지에 발표했던 시를 오랜만에 떠올려 본다.

노을

한껏 접다만 석양빛
미완의 연가가 서녘에 곱다.

안으로 타다 파열해버린
내 빠알갛게 숨은 사랑

일곱 빛깔 꿈길을 걷다
문득 멈춰버린 저녁 불빛의 하늘

아직은 못다 탄 가슴 한 조각이
서산에 걸려있다.

지금 되뇌어봐도 꽤 그럴듯하다. 그러니 이제, 뼛속까지 내려가서 써보자. 아주 오래전부터 꾸었던 꿈 한 자락을 붙잡고 그렇게 글쓰기의 길을 가보아야겠다.

오랫동안 책상 서랍 안에 묶어 두었던 원고를 꺼내어 다시 읽고 퇴고하는 시간을 거쳐 드디어 한 권 분량의 원고를 정리해 낼 수 있었다. 이 책이 나오기까지 애써 준 솔아북스 이서영 대표님과 김재석 편집장님, 신변잡기의 글을 귀하게 여기시며 나에게 늘 문학의 길을 걸어가야 한다고 주문걸어 주시던 한소민 선생님께도 감사의 말을 전하고 싶다.

무엇보다 사랑하는 가족에게 감사하다. 이 책에는 가족을 사랑하는 나의 마음을 담았다. 그들이 이 책을 통해 내가 얼마나 그들을 사랑하는지, 그들이 얼마나 소중한 사람인지를 알아주기를 바라며….